EL COACHING ES PURO CUENTO

CARLOS DÍAZ LASTRETO

WWW.RECURSOHUMANO.CL

EL COACHING ES PURO CUENTO

Carlos Díaz Lastreto y colaboradores invitados

PROYECTO DE WWW.RECURSOHUMANO.CL

Este libro forma parte de los contenidos que aborda el curso "Herramientas de Liderazgo y Coaching" que imparte el autor desde el año 2014, con más de 33 ediciones y 800 egresados. Detalles del curso pueden encontrarse en www.recursohumano.cl

Editor: Mauricio Bertero H.
Todos los Derechos Reservados
Chile. 2019.

Primera edición: mayo 2019

Índice

Introducción

Hace varios años andaba con una sensación de inquietud, un fuerte sentimiento de insatisfacción personal y profesional que me costaba articular. En aquella época me desempeñaba como profesor universitario medio tiempo y tenía una empresa consultora donde realizaba muchos procesos de selección de personal en La Serena. Tuve la suerte que mi amigo Carlos González, me presentara a Oscar Chang, quien por primera vez me habló de la Ontología del lenguaje y del Coaching Ontológico.

Oscar había estudiado con Fernando Flores y hablaba de un modo cariñoso respecto de lo que había aprendido con él, además contaba las acciones e intervenciones organizacionales que realizaba, basado en su aprendizaje y me parecían muy interesantes. Yo había leído a Flores y no había comprendido el alcance de las propuestas que hace en *"Inventando la empresa del siglo XXI"* (1) o en *"Creando organizaciones para el futuro"* (2). También había leído a Echeverría y la *"Ontología del lenguaje"* (3) y no había entendido mucho lo que ahí decía.

Había escuchado de Flores con anterioridad y los comentarios no habían sido positivos, las personas que lo habían conocido se quejaban que a los participantes en sus talleres los ridiculizaba o los confrontaba de un modo agresivo o descalificador, y escuchar a Oscar hablar de Flores y las herramientas aprendidas me pareció una oportunidad. Sin pensarlo mucho se inició mi camino en esta práctica.

El año 2004 junto con el mismo Carlos González nos inscribimos en el programa de coaching que daba Newfield Network (4), llamado ACP (El Arte del Coaching Profesional) donde conocí a Julio Olalla y a muchas otras personas que trabajaban con él, como Minerva Gebrán,

Rodrigo Pacheco, Ximena Díaz, Lili Bernal, Aldo Calcagni. El programa fue de mi más completa aprobación, tuve vivencias muy significativas y aprendí muchísimo. Mucho de lo aprendido se fue asentando de a poco y hasta el día de hoy reconozco y valoro lo que ahí viví y el aprendizaje alcanzado, además de grandes amigos de mi comunidad de aprendizaje.

Con posterioridad, el año 2010 – 2011, año de terremoto en Chile, hice el Programa de Formación en Coaching para Graduados con Newfield Consulting (5) con Rafael Echeverría y confirmé lo valioso y significativo que es el modelo desarrollado, además de conocer mucha más gente interesante como el mismo Rafael y Alicia Pizarro y compañeros de aprendizaje de distintos países.

Con posterioridad a ello, el año 2014 cursé, recomendado por mi amiga Pamela Abarca un programa muy entretenido sobre Coaching Organizacional que organizaba Fernando Sáenz Ford, el que llamaba "el diplo" o Diplomado para los Logros Organizacionales donde conocí al mismo Fernando Saenz Ford, a Elena Espinal y a la fallecida Ivonne Hidalgo. Esta última me pareció especialmente inspiradora, pues en su modelo de "Gestión Ontológica" (6) (7) se enfocaba en cómo traducir el coaching a la vida organizacional, entre otras cosas dejando de hablar en jerga ontológica y siendo capaces de adaptar este lenguaje al mundo de las organizaciones. Una mirada práctica, aplicada y organizacional.

También hice un curso de "Diseño de Futuro" con Elena Espinal (8), quien planteaba que el futuro no es un tiempo sino que un lugar y, que por lo tanto, la conversación era como se hacía para llegar a ese lugar, como se construía el futuro.

Los tres: Fernando, Ivonne y Elena, cerraban el curso con un "Taller Multicultural" donde se reunían los participantes del *diplo* que lo cursaban en distintos países. En el que yo participé, en Viña del Mar, se trabajó sobre "Dinámica Espiral".

Fernando hablaba mucho de Coaching Ejecutivo y promovía un programa que realizaba Laura Bicondoa, programa que se realizaba en Buenos Aires. Invité a mi socio Marco Ortiz que nos fuéramos a la capital del tango a aprender Coaching Ejecutivo (9) (año 2015) y estuvimos yendo por un año a aprender con ella. Tremenda experiencia aprender de Laura, no sólo por la gran maestra que ella fue para nosotros, sino que también por poder distinguir el Coaching Ejecutivo del "coaching en general", por recibir un entrenamiento significativo, por hacer buenos amigos trasandinos y además por presentarnos a varios coaches que ella invitaba a contar lo que hacían como tal, entre ellos a Marco Leone. Concluido el programa me declaré Coach Ejecutivo.

Y, partimos al otro año (2016) con Marco a aprender Coaching Sistémico con Marco Leone a Buenos Aires. Otra mirada del coaching completamente diferente, influido por sus propios estudios de psicología, de coaching con Fernando Flores y de constelaciones familiares con Bert Hellinger. El primer día abrí mi cuaderno para tomar notas del curso con Leone y a los quince minutos lo cerré ya que me era imposible seguirlo y más bien había que vivir su entrenamiento. Me sorprendió como Marco Leone hablaba del sistema, de las emociones, del miedo y del coraje, de las declaraciones de cierre y de muchas otras distinciones, además de efectivamente constelar y llorar por algo vivido por uno mismo o por los otros participantes.

Marco Leone decía con lo que ahora estoy muy de acuerdo y era algo así como que todos los modelos o escuelas de coaching sirven pues desafían las limitaciones del coachee.

Cada uno construye un marco, un modelo mental que se queda chico con los desafíos de la vida, razón por la que si el coaching agranda esos marcos y da nuevas posibilidades, es un buen coaching, vale la pena, sirve. También decía que los modelos de coaching que trabajan sobre objetivos – metas (tipo GROW) no sirven mucho cuando precisamente el tema es no saber que se quiere o tener mucho miedo o estar pegado en temas no resueltos.

En el camino hice un curso de Juegos de Capacitación en Buenos Aires donde conocí a Paty Wilensky y a José Luis Zaritzky. Paty es una coach brillante que inventó un modelo que llama Coach Reversible (10). Luego partí a Lima a un curso de The Art of Hosting (11), interesante modelo, que si bien no es coaching tiene gran conexión con muchas de las interpretaciones que hacemos en el coaching.

Y, para concluir la historia el año 2018, recomendado por la coach mexicana Laura Fierro y la coach venezolana Arianna Martínez Fico, a quien precisamente conocí cursando el Programa de Coaching Avanzado me fui a participar en el entrenamiento en Coaching de Equipos que efectuaba en Santiago de Chile la Escuela Europea de Coaching (12). Le había escuchado a mi amigo coach chileno Adolfo Valderrama sobre este programa y, con tanta recomendación, me matriculé a ojos cerrados.

También fue un buen descubrimiento el Coaching de Equipos, así como lo fue el Coaching Ejecutivo que ya he citado. Otra mirada, otras distinciones, otro campo de práctica y otros maestros con quienes aprender. Me gustó mucho la metodología de aprender haciendo ya que desde el primer día tuvimos que conformar un equipo de trabajo y con este equipo laborar en un proyecto y coachear a otro equipo y ser coacheado por ellos para aplicar lo que estábamos aprendiendo.

Cuando me preguntan sobre coaching hago notar la importancia del postulado "vivimos en mundos interpretativos", las personas – los equipos – las organizaciones construimos historias acerca de todo: nosotros mismos, el pasado – presente – futuro, las personas con las que nos relacionamos y muchos asuntos más. Estas historias no son ni verdaderas ni falsas, son interpretaciones y como tal tienen el poder de guiar nuestras vidas, de llevarnos al sufrimiento o a la felicidad, de colocarnos en distintas disposiciones en la vida. La formación en coaching releva este postulado, al hacer un giro reflexivo y preguntarle al coach, ¿en qué mundo interpretativo vives?, la misma pregunta que guiará el trabajo posterior con el coachee.

A partir de lo anterior, destaco también todas las prácticas para desarrollar interpretaciones más flexibles, aceptar que nuestras interpretaciones pueden cambiar, que podemos aprender, que tenemos "enemigos del aprendizaje" que identificar y que combatir permanentemente por sus limitaciones. Esto supone partir de una actitud de "apertura" a considerar que podemos ser distintos. No es que haya una "interpretación verdadera" a la que podamos acceder, sino que podemos ir aprendiendo, teniendo interpretaciones diferentes y a partir de ello, ser capaces de movernos de un modo distinto por la vida. Claro que honrando el que hemos sido, que cuando nos miramos a nosotros mismos en nuestro pasado nos miremos con gratitud, hemos sido lo que mejor hemos podido ser en cada momento concreto de nuestra vida.

Creo que los coaches nos movemos en dos extremos delicados, que crean una tensión importante, por un lado la omnipotencia, creer que basta que alguien hable con nosotros para que la vida le cambie por completo o definitivamente que no le suceda nada, como si fuera "responsabilidad" o "culpa" nuestra cambiarle para bien o para mal la vida a la gente. Las personas hacen el trabajo, las personas se atreven, las personas vencen sus temores, los coachees hacen los cambios, no nosotros. Y, el otro extremo es la impotencia, el sentir que nada se puede hacer, que nada va a cambiar, que todo está jugado. En este sentido, los coaches somos optimistas, siempre creemos que se puede cambiar, que el coachee puede hacer algo diferente y con ello aspirar a una vida distinta, aunque tenga la edad que tenga y le haya ocurrido lo que le haya ocurrido. El coaching es anti resignación, anti impotencia.

Por eso que el aprendizaje es central, las preguntas: ¿qué tienes que aprender aquí?, ¿qué te faltó aprender que ahora necesitas?, ¿qué te está mostrando la vida que tienes que escuchar?, y muchas otras preguntas similares llaman al coachee a mirarse y cambiar no sólo conductas particulares sino que la interpretación que pueda tener de sí mismo, para abrirse a otros modos de estar en el mundo. Esto que he dicho, lo asocio con algunos otros elementos importantes, que el coachee se haga responsable, que la interpretación que elabore lo lleve a tomar control de su vida, no a una interpretación de víctima, de resentimiento, de quedarse pegado en el pasado, sino que de dar un salto positivo, entusiasta al futuro, sentirse protagonista de la vida que vive.

La orientación es a la acción, está bien el *insight*, pero lo central es que las nuevas interpretaciones lleven a nuevas acciones que le permitan al coachee declarar que ahora vive mejor, tiene nuevas capacidades, se mueve diferente por el mundo.

A mí me parece que hay que aplicar al mismo coaching el principio ya descrito: es una interpretación, no es la verdad, se trata de modelos, útiles, bonitos, que sirven para mejorar nuestras vidas y nuestro trabajo con personas y con organizaciones. Hay otros modelos, otras profesiones, otras prácticas y cada una de ellas tiene su propio valor, sus fortalezas y sus limitaciones.

Me gusta considerarme como dice Schön (13) un profesional reflexivo, un aprendiz permanente. Por eso leo muchísimo y voy comentando en mi blog las lecturas que realizo. Además he conocido mucha gente inteligente que se dedica al coaching, cada uno con su estilo, con sus fortalezas y debilidades, pero sobre todo, con un ánimo de mantener opciones abiertas y seguir aprendiendo.

Tengo un fuerte sentimiento de agradecimiento y cariño con quienes han sido mis profesores y compañeros de aprendizaje al mostrarme este "mundo del coaching". También agradecimiento con los autores de los libros que he leído, con quienes he tenido "conversaciones imaginarias" muy importantes. Finalmente agradecimiento a quienes han sido mis alumnos o coachees, ya que con quienes más se aprende es precisamente con quienes se practica el arte del coaching.

Por eso he compilado este libro, para contar que el coaching no es puro cuento, sino que es una práctica seria, con modelos, escuelas y prácticas reflexivas, con autores relevantes y con prácticas específicas tales como Coaching Organizacional, Coaching Ejecutivo, Coaching de Equipos. Además, le he solicitado a varios amigos, todos coaches, que contribuyan con un capítulo donde cuenten lo que han estudiado y el coaching que practican. Por eso se incorpora Carlos González, Tatiana Soto, Lidia Gallegos, Paty Wilensky e Ignacio Hurtado. Gracias amigos por sus contribuciones.

El año 2013 me ocurrieron dos eventos muy significativos, que me pusieron a prueba: nacieron mis hijos menores, mellizos prematuros, con alergias alimentarias, un enorme desafío de crianza y cariño. Y, renuncié a mi trabajo como consultor interno en la administración tributaria chilena, luego del maltrato laboral sistemático de un director regional al que le reportaba, quien descalificaba mi trabajo, me excluía de reuniones y me amenazaba si hablaba con algunas personas de la organización. Jamás pensé que algo así me fuera a ocurrir pues sentía que mi trabajo era un buen aporte a la organización y era un consultor leal y comprometido. Esto me permitió conocer personas nobles y correctas y, también personas llenas de miedo y resignadas. Con gran dolor y temor renuncié a ese trabajo y retomé mi práctica como profesor universitario de posgrado, consultor y coach ejecutivo.

El año 2014 inventé un curso, "Herramientas de liderazgo y coaching", que he ofrecido en diversas ciudades y me ha permitido conocer gente inquieta, curiosa y motivada por aprender.

Espero que este trabajo sea de utilidad a quienes se introducen en el campo y quieren conocer mejor el "mapa del coaching" y a quienes ya se dedican a este campo para poder contar con distinciones que profundicen su trabajo al servicio de nuestros coachees.

La Serena, Chile. Mayo de 2019.

Fuentes y referencias:

1.- Flores, Fernando (1989). Inventando la empresa del siglo XXI. Santiago de Chile. Hachette. Escribí un post sobre este libro de Flores. En
http://lastreto.blogspot.com/2015/10/fernando-flores-inventando-la-empresa.html

2.- Flores, Fernando (1997). Creando organizaciones para el futuro. Santiago de Chile. Dolmen Ediciones.

3.- Echeverría, Rafael (2003). Ontología del Lenguaje, Santiago, J C Sáez Editor.

4.- www.newfieldconsulting.com

5.- www.newfield.cl

6.- Hidalgo, Ivonne (2009). Gestión ontológica. Venezuela. Ediciones Mil Palabras. Escribí un post sobre Ivonne Hidalgo y gestión ontológica. En http://lastreto.blogspot.com/2018/02/ivonne-hidalgo-gestion-ontologica.html

7.- Escribí un post sobre el curso con Ivonne Hidalgo en mi blog. En http://lastreto.blogspot.com/2013/10/coaching-ontologico-organizacional_18.html

8.- Escribí un post sobre el curso que hice con Elena Espinal. En http://lastreto.blogspot.com/2015/10/elena-espinal-diseno-de-futuro.html

9.- Escribí un post sobre el curso con Laura en http://lastreto.blogspot.com/2015/04/coaching-ejecutivo.html

10.- Escribí un post sobre el curso con Paty Wilensky en http://lastreto.blogspot.com/2016/02/nada-mas-serio-que-jugar-para-aprender.html

11.- Escribí un post sobre The art of hosting en http://lastreto.blogspot.com/2016/11/the-art-of-hosting-emergencia-de-la.html

12.- Escribí un post sobre el curso de coaching de equipos en *http://lastreto.blogspot.com/2018/11/coaching-de-equipos.html*

13.- Schön, Donald (1987). La formación de profesionales reflexivos. Barcelona. Paidós. Escribí un artículo sobre este tema. En *http://lastreto.blogspot.com/2015/05/coaching-ejecutivo-habilidades.html*

Capítulo I
ANTECEDENTES

1

¿Qué es el coaching?

Muchas personas preguntan qué es el coaching, para qué sirve y en qué les puede ayudar en su trabajo profesional o personal. Además frente a tanta oferta alternativa como la misma psicoterapia realizada por psicólogos profesionales u otras prácticas, algunas de ellas muy poco recomendables en mi opinión, conviene caracterizarlo para poder distinguirlo.

Nureya Abarca, destacada psicóloga chilena, en su libro *El líder como coach* (1) señala que "al parecer el término coaching habría tenido su origen en el siglo XV en la ciudad de Kocs, Hungría. En este poblado existía un carruaje particular denominado kocsi, que luego se traduce al alemán como kutsche y al español como coche. De este manera el término coach deriva etimológicamente de un medio de transporte, lo que se relaciona con la actividad de un coach, quien ayuda a transportar o mover a las personas desde el lugar donde se encuentran hoy hasta el lugar donde desean llegar". Según indica Abarca la metáfora indica que el "conductor del carro facilita el desplazamiento, aunque no decide el camino a seguir". *(Imagen del carruaje de Kocs. En http://exitoycoaching.com/wp-content/uploads/2016/05/j.png)*

En esta misma línea, hace ya un tiempo escribí un post luego de ir a un curso con Elena Espinal, coach argentina (2). El curso se llamaba *"Diseño de futuro"* y Elena presentaba una noción de tiempo muy distinta de la habitual, muy propicia para entender el tiempo del coaching. El tiempo no es un momento en el calendario, el tiempo es un lugar, al que uno se dirige, un lugar que se construye en el presente y al cual nos encaminamos con ciertas acciones. ¿Dónde quieres estar en X años?, ¿qué vas a hacer para que eso ocurra?, ¿a quién vas a invitar en ese camino?

Encontré un artículo en internet escrito por Miriam Ortiz de Zarate (3), donde presenta las distintas escuelas de coaching. Me ha parecido especialmente sucinto y claro en sus planteamientos por lo que escribí un post sobre su trabajo (4). Según la autora citada, el coaching es una disciplina que se ha consolidado en todo el mundo en los últimos treinta años, con origen en la filosofía (Sócrates, Nietzsche, Heidegger, Wittgenstein, Wilber, Echeverría), la psicología (Freud, Rogers, Perls, Frankl, Ellis, Watzlawick, Maslow, Fromm, Piaget, Bateson, Reich, etc), nueva ideas de liderazgo y management (Covey, Drucker, Senge, Goleman, Peters, etc), aportaciones desde la ciencia (física cuántica de Bohm y Capra, Biología del conocimiento de Maturana, la Lingüística de Searle y Austin, teoría de sistemas de Von Foerster y Senge), etc.

El coaching no tiene un origen único, no es posible identificar un fundador de manera clara e inequívoca, más bien surgió de manera más o menos simultánea en varios lugares. Ha encontrado terreno fértil en el mundo de las organizaciones pero se extiende a otros campos como educación, salud, política, etc.

Existen variadas definiciones que destacan al coaching como un proceso que se extiende por un periodo de tiempo y que tiene lugar entre dos personas (coach – coachee) o entre una persona y un equipo o una organización. En ese proceso se realizan conversaciones en las que el coach utiliza una metodología basada en preguntas que ayudan al coachee a explorar sus creencias, valores, fortalezas y limitaciones.

Producto de esta exploración el coachee es capaz de tomar determinadas decisiones y de comprometerse en un camino de cambio y aprendizaje, lo que lo lleva a nuevos resultados. Aquí algunas definiciones, recopiladas por Ortiz de Zarate.

Según la ICF el coaching "es una relación profesional continuada que ayuda a que las personas produzcan resultados extraordinarios en sus vidas, carreras, negocios u organizaciones". A través del proceso de coaching, los clientes "ahondan en su aprendizaje, mejoran su desempeño y refuerzan su calidad de vida".

Según la Sociedad Francesa de Coaching, "es el acompañamiento a una persona a partir de sus necesidades profesionales, para el desarrollo de su potencial y de su saber hacer".

La Escuela Europea de Coaching, señala que "es el arte de hacer preguntas para ayudar a otras personas, a través del aprendizaje, en la exploración y descubrimiento de nuevas creencias que tienen como resultado el logro de sus objetivos".

Tim Galwey destaca que el coaching es "el arte de crear un ambiente a través de la conversación y de una manera de ser, que facilita el proceso por el cual una persona se moviliza de manera exitosa para alcanzar sus metas soñadas".

Dice Leonardo Wolk en su libro *Coaching el arte de soplar brasas* (5) que el coaching es "un proceso dinámico e interactivo que consiste en asistir a otros en el logro de sus metas, colaborando en el desarrollo de su propio potencial"," el coach colabora con las personas, equipos, empresas para que acorten brechas con respecto a objetivos, tanto personales como organizacionales".

Según Miriam Ortiz de Zarate existen tres grandes escuelas en el mundo, identificados por su origen geográfico: norteamericana, europea y chilena. A continuación un resumen de cada una de ellas.

Escuela Norteamericana. Fundada por Thomas Leonard. Dice que "las personas que solicitan un coach están razonablemente ajustadas emocionalmente, tienen familias felices y pueden ser incluso trabajadores de éxito. No necesitan terapeutas ni psiquiatras, lo que les hace falta es una suerte de alter ego objetivo que escuche lo que le cuenten, ayude a ordenarlas prioridades y actúe como un buen guía en las elecciones que escojan".

A partir de esto Leonard desarrolló una metodología 5x15. Los cinco elementos son, según el blog de Silvia Moreno (6): El asunto de la conversación; el objetivo de la conversación, la realidad de la situación presente, las opciones que existen para lograr el objetivo y el compromiso hacia la acción. Las quince competencias que ha de tener el coach son las siguientes: Generar conversaciones provocadoras, facilitar el Autodescubrimiento, sacar lo más grande, disfrutar inmensamente del cliente, ampliar los esfuerzos del cliente, navegar vía curiosidad, reconocer la perfección en cada situación, poner rumbo a lo más importante, comunicar claramente, contar lo que percibes, ser el hincha del cliente, explorar nuevos territorios, saborear la verdad, diseñar un entorno favorable, respetar la humanidad del cliente.

El estilo norteamericano se caracteriza por ser práctico y ejecutivo. Desafía a sus clientes a pasar a la acción y dar lo mejor de sí mismos. Este estilo ha contribuido a la enorme difusión del coaching en Estados Unidos y ha dado pie también a sus detractores por considerarlo falto de profundidad o falto de capacidad para generar un verdadero aprendizaje transformacional.

Escuela europea. Tiene sus orígenes en Timothy Gallwey y John Whitmore. El primero elaboró un sistema de aprendizaje que denominó el juego interior, señalando que "siempre hay un juego interior en tu mente (miedo, desconfianza, etc), no importa que está sucediendo en el juego exterior", cuan consciente es la persona de ese juego podrá marcar la diferencia entre el éxito y fracaso en el juego exterior.

Whitmore retoma esta metodología más influencia de la psicología humanista. Para Whitmore no existen soluciones rápidas, ya que se enfoca en liberar el potencial que cada uno tiene adentro, utilizando la metáfora de la bellota, "somos más similares a una bellota que un recipiente vacío, que tiene todo el potencial para convertirse en un roble". A partir de ello, utiliza algunas premisas: elevar la conciencia, asumir la responsabilidad y desarrollar la confianza en uno mismo.

Esta escuela utiliza un modelo para guiar el coaching, herramienta llamada GROW por sus siglas: G (objetivos), Reality (realidad actual o situación presente), Options (opciones y estrategias posibles) y What – When – Who – Will (que se va a hacer, cuando, como, quien, además de la voluntad de hacerlo).

Escuela chilena o sudamericana. También conocida como "Escuela Ontológica". Se basa en los trabajos iniciales de Fernando Flores y luego en el trabajo de Rafael Echeverría, discípulo de Flores.
Flores, en su doctorado en EEUU, desarrolló un modelo tomando como base la filosofía de Nietzsche, Heidegger, Searle, Austin y Wittgenstein y los trabajos de Maturana y

Varela. Echeverría propone el nombre Ontología del lenguaje y coaching ontológico, realizando sus propios desarrollos posteriores a Fernando Flores.

La Escuela Ontológica sigue algunos postulados para servir a sus clientes. Cabe destacar que se interpreta al ser humano como un ser lingüístico, se considera al lenguaje generativo y se considera que los seres humanos se crean a sí mismos en el lenguaje y a través de él. Cada uno de estos postulados tiene enormes consecuencias, la principal de ella es que se desafía la creencia histórica de que cada individuo tiene un modo de ser fijo e inmutable y apuesta por la capacidad humana de inventarse y reinventarse a través del lenguaje, lo que genera un enorme poder de diseño.

El coaching ontológico se propone alcanzar un nivel de intervención más profundo o transformacional que los otros por la vía de entender el tipo de observador que está siendo cada uno, por el tipo de conversaciones que mantiene consigo mismo y con los demás.

Encontré una imagen donde se describen las distintas escuelas de coaching, en forma de mapa conceptual de autores y sus relaciones.

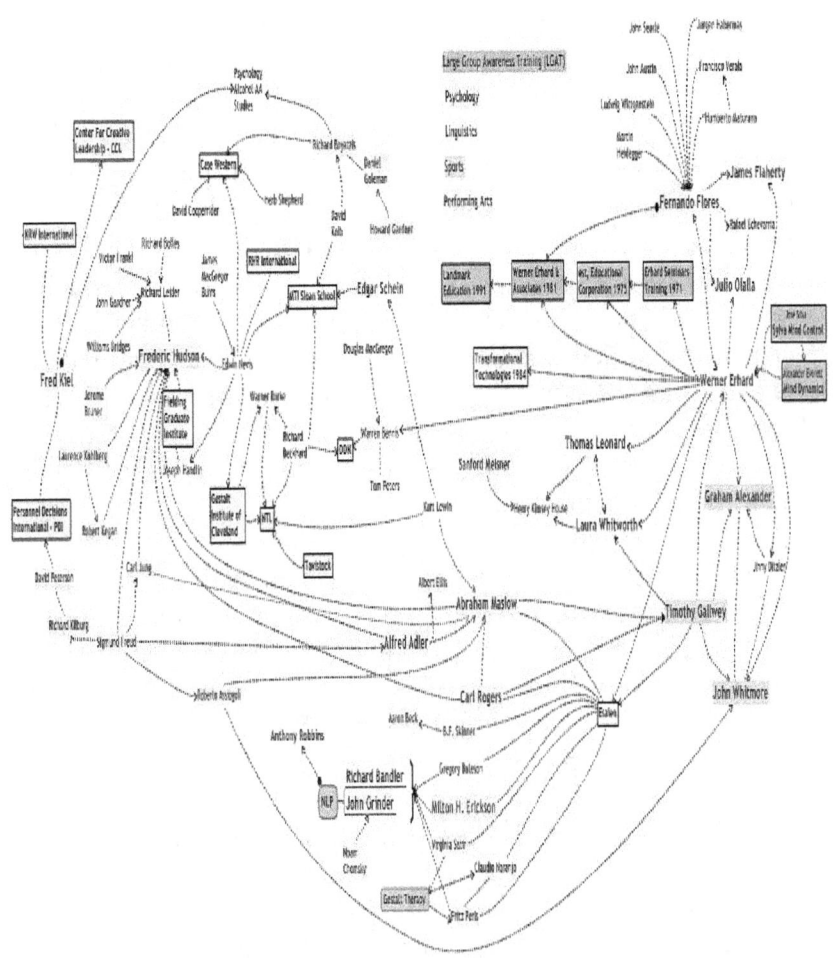

(Imagen original en http://coachinghistory.com/wp-content/uploads/2012/05/www.coachinghistory.com-Figure-24.jpg)

En la imagen señalada se pueden ver diversos autores que hacen de nodos en el mapa con sus respectivas influencias y, a su vez, con las raíces desde donde proponen el coaching.

El coaching está siendo aplicado hoy día en dimensiones como la vida personal (*life coaching*), el trabajo de líderes organizacionales (*coaching ejecutivo*), la vida de equipos (*coaching de equipos*) y la actividad organizacional (*coaching organizacional*) por lo que resulta de mucha importancia poder caracterizar cada una de estas prácticas de coaching con mayor especificidad viendo que las distingue a una de otras y cuál es el aporte que pueden hacer a las personas. Por ello presentaré en capítulos posteriores artículos sobre coaching ejecutivo, coaching de equipos, coaching organizacional.

Como se trata de un tema de moda han aparecido a mi modo de ver muchas prácticas que usan el termino coaching y tengo mis dudas si pertenecen a algunas de las tradiciones expuestas o sólo se trata de oportunismo en el uso del nombre, siendo muchas de ellas prácticas lejanas al ámbito transformacional propuesto por el coaching.

Que una práctica se vuelva comercial y con ello pierda el sentido original y se llene de oportunistas no me parece nada nuevo. Sin embargo creo que la gran demanda por coaching tiene que ver con la enorme necesidad humana de encontrarle sentido al mundo en que vivimos y de ser escuchados por otro ser humano atento y respetuoso.

Estas dos condiciones se van a seguir dando. Dice Thomas Friedman (7) en su libro *Gracias por llegar tarde*, que vivimos tres aceleraciones que están cambiando el mundo, la aceleración tecnológica, la globalización y el cambio climático. Estos fenómenos seguirán con nosotros por mucho tiempo y no hacen más que desafiarnos a entender este nuevo mundo y ser capaces de adaptarnos a él. Y, en relación a la escucha, creo que ya lo decía Carl Rogers, la importancia de una escucha empática en relación a la terapia, es una condición fundamental, sentirse escuchado, comprendido, aceptado, no juzgado, sobre todo en un mundo acelerado es algo escaso y por ello valioso.

Por ello, larga vida al coaching.

Fuentes y referencias:

1. *Abarca, Nureya (2010). El líder como coach. Santiago de Chile. Aguilar.*
2. *Escribí un post sobre el curso con Elena Espinal. En http://lastreto.blogspot.com/2015/10/elena-espinal-diseno-de-futuro.html*
3. *Ortiz de Zarate, Miriam (2014). "Psicología y coaching: marco general, las diferentes escuelas. En http://www.buenastareas.com/ensayos/Psicolog%C3%ADa-y-Coaching/64386148.html).*
4. *Escribí un post sobre este tema en http://lastreto.blogspot.com/2015/03/coaching-definiciones-escuelas.html*
5. *Wolk, Leonardo (2003). Coaching el arte de soplar brasas. Buenos Aires, Gran Aldea Editores.*
6. *Friedman, Thomas (2018). Gracias por llegar tarde. Buenos Aires. Paidos.*

2

El coaching es puro cuento

Definitivamente, al menos en Chile, el coaching como práctica está de moda, mucha gente formándose en distintos programas y muchas personas ofreciendo servicios de coaching. Un campo donde es difícil juzgar cuando se trata de algo serio y cuando es "pura venta de humo". Donde sí se miran los avisos en los medios aparecen ofertas como coaching con caballos, sex coaching, coaching realista, dermocoaching, coaching espiritual y muchas otras propuestas donde se mezcla coaching con arte, con Reiki, con "El secreto", con la "Ley de la atracción" y muchas más.

Yo mismo ofrezco un curso que llamo "Herramientas de liderazgo y coaching", de 16 horas de duración, y me sorprendo de personas que me preguntan si con eso se transforman en coaches, que me insisten en la certificación para ejercer como coach y no sé si es pura ingenuidad o derechamente una expectativa infundada que para ejercer como coach bastan 16 horas de capacitación.

No es lo mismo expectativas que promesas, pues las primeras son las meras ideas que tiene alguien acerca de lo que podría ocurrir; en cambio, las segundas son compromisos que hacemos para que las cosas ocurran de cierta manera (1).

Esta "pura venta de humo" me provoca molestia, pues juzgo que además está lleno de falta de seriedad en muchas ofertas de formación, que no se hacen cargo de las expectativas ilusorias que crean y que también, no se hacen responsables del mal servicio posterior que puede significar hasta daño para personas que contratan servicios de coaching. Hoy mismo acabo de leer un programa lleno de acreditaciones, logos de distinto tipo y colores y siglas inentendibles en que una persona se puede certificar en 6 jornadas de 8 horas y es un coach integrado certificado o algo parecido.

Por ello, creo que cualquier persona que quiera formarse como coach tiene que clarificar expectativas y preguntar con seguridad por el alcance de la formación, por la experiencia de los profesores y, sobre todo, dudar que en escasas horas y con poca lectura y menos práctica pueda adquirir esta nueva profesión. Posiblemente si ello es así, se trate de "puro cuento".

Y, con la excesiva oferta de formación en coaching que existe hoy día, con personas que carecen de mucha experiencia realizando coaching, no es de extrañar que la calidad de la formación sea muy diversa y en muchos casos, esa calidad sea muy dudosa o derechamente no sea adecuada.

No obstante ello, el término "puro cuento" puede tener otra acepción. Suelen preguntarme mis clientes o mis alumnos qué es el coaching, qué se hace cuando se hace coaching. El coaching se enfoca en asistir a otra persona a cambiar conductas o a cambiar paradigmas para sentirse más efectivo o más feliz. Esto no es algo privativo del coaching. También se hace en otras prácticas tales como la educación, la capacitación, la psicoterapia, la consejería o incluso la amistad.

Lo particular del coaching es que asiste en el cambio de acciones o de "observador" a partir de conversaciones (hacer preguntas poderosas), de un modo no directivo, sin imponer un paradigma en particular sino que estimulando mayor flexibilidad y apertura, para lo cual utiliza algunas técnicas basada en tres dominios: cuerpo, emociones y lenguaje.

Muchos autores y escuelas se han referido a este tema. Según las escuelas narrativas elaboramos un discurso, un cuento sobre el mundo que le otorga sentido a lo que hacemos. A veces este cuento es útil, otras veces es un cuento que nos crea problemas.

Algunos enfoques y autores interesantes de considerar:

a) **Yuval Noah Harari** (2) se pregunta qué es lo que ha llevado a la especie humana a conquistar el planeta. Su respuesta en el libro *"Sapiens"* es que la cooperación flexible ha sido la responsable. Esta cooperación flexible se basa en la capacidad humana para contar historias, contarnos cuentos, que nos permiten alinearnos detrás de un proyecto sin la necesidad de recordarle a cada persona, a cada rato lo que tiene que hacer. Un cuento indica el lugar de cada ser humano en el mundo y lo que tiene que hacer para contribuir. Dice en su libro *"Sapiens"* (2) "podemos urdir mitos comunes tales como la historia bíblica de la creación, los mitos del tiempo del sueño de los aborígenes australianos y los mitos nacionalistas de los estados modernos. Dichos mitos confirieron a sapiens la capacidad sin precedentes de cooperar flexiblemente en gran número".

b) Según **Peter Senge** (3), elaboramos "modelos mentales" no sólo los individuos sino que también las organizaciones y esos modelos mentales pueden abrirnos posibilidades o cerrárnoslas. Dice Senge en *"La quinta disciplina"*: "en la mente llevamos imágenes supuestos e historias…. nuestros modelos mentales no sólo determinan el modo de interpretar el mundo, sino el modo de actuar".

c) En *"La fábrica de historias"*, **Jerome Bruner** (4) señala que tenemos una habilidad para relatar, que parece una habilidad casi natural como el lenguaje en los seres humanos. Dice "nuestra frecuentación de los relatos comienza temprano en nuestra vida y prosigue sin detenciones... creamos y recreamos la identidad mediante la narrativa, el Yo es un producto de nuestros relatos y no una cierta esencia por descubrir cavando en los confines de la subjetividad.

d) Y **Harlene Anderson** en su hermoso libro *"Conversaciones, lenguaje y posibilidades"* (5) señala que "los sistemas" humanos son sistemas de generación de lenguaje y sentido... y que la realidad y el sentido que nos atribuimos y que atribuimos a otros y a las experiencias y acontecimientos de nuestra vida son fenómenos interrelacionales creados y vivenciados por individuos en una conversación y acción con otros y con nosotros". La negrita es mía, pues quiero destacar el papel de las conversaciones que cada uno tiene consigo mismo y con otros, a partir de lo cual narra o crea una cierta realidad.

Muchas veces el coaching se enfoca en el cambio de conductas, en proponerle al coachee otras alternativas de acción que, en el momento actual, es incapaz de visualizar como alternativas. Dichas acciones le permiten realizar algo distinto que, con alguna probabilidad, lo llevan a juzgar – sentir que sale de algún entrampamiento en que se encuentra.

Hace muchos años aprendí un juego que uso en mis cursos sobre liderazgo y coaching, un juego muy simple. Tomo una pelotita de ping pong y doy las instrucciones: "le voy a dar esta pelotita a una persona, esa a otra y esa otra hasta que todos participen solo una vez, yo soy el primero y soy el último y no se puede caer". Con estas instrucciones los participantes empiezan a armar un circuito, se la "tiran" a una persona lejana, se les cae, se la lanzan a alguien distraído, se la lanzan a alguien y no le dicen el nombre y otras acciones.

Las van corrigiendo hasta que logran armar un circuito y completar el juego. Entonces tomo el tiempo y, dependiente del número de participantes, se demoran X segundos. Y entonces les indico que un grupo de X participantes como ellos se debería demorar 1 o 2 segundos". No pueden entender como ello es posible. Entonces realizan otras acciones de prueba, como hacer un círculo, como entregársela al compañero de manera más "mecánica" o hacer rodar la pelota por las manos y otras soluciones, hasta que logran la meta. Mi interpretación es que realizaron cambios de acción que los llevaron a nuevos resultados.

Este coaching "de acción" no necesariamente implica un "cambio de observador", pero puede ser de gran ayuda a alguien que se siente estancado, sin posibilidades y a quien definitivamente no se le ocurren nuevas posibilidades de acción. También puede ser un cambio para equipos u organizaciones, quienes haciendo un mero benchmarking pueden incorporar nuevas conductas a su repertorio y con ello resolver mejor sus problemas.

Sin embargo hay otro nivel de cambio, al que Bateson (6) en su tiempo llamaba "deuteroaprendizaje", el que se localiza a nivel de visión de mundo y ese cambio, al producirse, otorga la posibilidad de mirar las cosas de otra manera y, por lo tanto, contar con otras acciones disponibles de las que se contaba en el momento actual.

Cuando ello ocurre, lo que hace el coaching es "contar cuentos", "interpretar los mismos datos de otra manera", "mirar la misma situación de otro modo", "darle más énfasis a algunos aspectos que a otros", "poner una perspectiva que antes no se tenía", "centrar la mirada en otra parte del cuadro", etc. Cuando ello ocurre la persona vislumbra posibilidades que antes era incapaz de vislumbrar y, a partir de ello, llevar nuevas conductas a cabo.

En el Coaching Ontológico se le llama a este fenómeno aprendizaje transformacional y, por el nombre, parece que ocurriera muy escasamente. No creo que sea así, creo que ocurre frecuentemente, no sólo cuando alguien participa de un proceso de coaching sino que también cuando viajamos a países distintos de nuestro país de origen, cuando tenemos una experiencia de vida difícil, cuando conversamos con un buen amigo, etc.

Mi amigo y coach Marco Ortiz, hace siempre un gesto con las manos, las pone en un ángulo y luego las abre un poco, diciendo que el coaching se enfoca en ampliar el ángulo de la mirada. En el corto plazo, en una distancia corta no se nota, pero en el largo plazo o en una distancia larga, se nota mucho el efecto de cambio de mirada.

Hacer esto es un arte, aunque el coaching se apoya en ciertas técnicas. Según Pucheau (7) en el caso del coaching ejecutivo estas técnicas son: 1.- Escucha, 2.- Énfasis, 3.- Preguntas, 4.- Reflejo, 5.- Retroalimentación, 6.- Interpretación, 7.- Cuento de historias o anécdotas, 8.- Modelaje y ensayo, 9.- Uso de lecturas para guía y práctica, 10.- Asignación de tareas.

Estas son técnicas de naturaleza lingüística, enfocadas en cambiar la "narrativa" del coachee.

Así que la próxima vez que le digan "el coaching es puro cuento", tal vez sea verdad.

Fuentes y referencias:

1.- He escrito un post sobre expectativas y promesas en *http://lastreto.blogspot.com/2017/08/expectativas-y-promesas.html*

2.- Noah Harari, Yuval (2014). "Sapiens, de animales a diose"s. Barcelona. Editorial Debate.

3.- Senge, Peter (2005). "La quinta disciplina". Buenos Aires, Gránica.

4.- Bruner, Jerome (2002)."La Fábrica de historias". Buenos Aires. Fondo de Cultura Económica.

5.- Anderson, Harlene (1999). ""Conversaciones, lenguaje y posibilidades. Buenos Aires. Amorrortu.

6.- Bateson, Gregory (1998). "Pasos hacia una ecología de la mente". Buenos Aires. Editorial Lohle Lumen.

7.- Pucheu, Andrés (2016)." Coaching para la efectividad organizacional". Santiago de Chile, Ediciones UC.

3

"Coaching: el arte de soplar las brasas"

Trabajo realizado por Leonardo Wolk (1), que he consultado muchas veces cuando me corresponde enseñar coaching, además lo recomiendo mucho para personas que recién se inician en este campo. Simple, ameno y bien organizado. En mis manos tengo la tercera edición y veo en google que ya va en la décima.

El libro comienza haciéndose la pregunta que todos los que practicamos esta disciplina nos hacemos cuando alguien nos solicita "explicar" que es el coaching. Y lo define de un modo poético, el coach es "un soplador de brasas". Con ello hace referencia a la cita bíblica del génesis, "entonces dijo Dios….hagamos al hombre a nuestra imagen, conforme a nuestra semejanza… Entonces Dios formó al hombre del polvo de la tierra y sopló en su nariz aliento de vida y fue el hombre un ser viviente"… Wolk interpreta, que si todo existe a partir de la nada y no había otros seres a quien Dios podía hablarle, que al hablar en plural Dios le hablaba al propio ser humano y su condición de incompletitud. Siguiendo a Heidegger, el ser humano es el único ser que se pregunta por el Ser, por lo que de manera permanente y dialógica necesita hacerse preguntas.

¿Qué es el coaching? entonces, a partir de estas reflexiones dice "he visto e interactuado a lo largo de los años con personas inteligentes, brillantes, excelentes profesionales y expertos en sus respectivas tareas que me han consultado porque se sentían atrapados, desmotivados y con sentimientos de incompetencia ante circunstancias difíciles y/o alternativas riesgosas". En esas situaciones les pregunta cómo se veían en sus inicios profesionales, por sus sueños y muchas veces observa que los ojos se iluminan como brasas de ilusión. A partir de ello propone la metáfora de las brasas: hay un fuego que no se ha apagado y se requiere "soplar brasas" para reconectar al humano con su Dios perdido.

Creo que es una bonita metáfora de lo que hace el coach ya que a partir del quiebre que trae el coachee, formula preguntas, realiza interpretaciones, desafía, de modo que el mismo coachee encuentre las respuestas que anda buscando, las respuestas que había perdido. No se trata de decirle directivamente nada, sino que inspirarlo a rescatar lo mejor de sí.

Luego de ello explica de muy buena forma algunos principios fundacionales del coaching, tales como el concepto de aprendizaje, responsabilidad, explicaciones tranquilizantes y generativas, el concepto de observador, el modelo observador – acción – resultados para pasar luego profundizar largamente en las distinciones lingüísticas – emocionales y corporales del modelo.

Si bien no hay nada muy nuevo en estos capítulos que no haya sido dicho antes por el mismo Echeverría (2) en su libro "Ontología del lenguaje", o por Kofman en "Metamanagement" (3) plantea los conceptos de un modo ameno, simple, comprensible y los conecta con la práctica del coaching. Por eso insisto en algo que señalé al principio, es un buen libro para gente que se introduce en el campo y quiere tener una visión comprensiva del coaching, sobre todo, de la Escuela Ontológica.

Uno de los capítulos más interesantes del trabajo de Wolk es el capítulo cinco, donde expone la técnica del coaching en la práctica, algo que no he visto sistematizado en ningún lado, como se hace, que pasos se siguen. Plantea que el coaching tiene 4 etapas y siete pasos. Los pasos son:

1.- Generación de contexto. Contrato. (Pedido y contexto)

2.- Acordar objetivos del proceso, fijar metas (chequear el quiebre, brecha intenciones – resultados, acuerdo explícito de metas)

3.- Explorar la situación actual (que está ocurriendo, observaciones y juicios, emociones, columna izquierda).

4.- Reinterpretar brechas interpretativas. (Rearticular y reinterpretar creencias, responsabilización).

5.- Diseñar acciones efectivas. (Exploración de alternativas y posibilidades. Elegir acciones).

6.- Role playing. (Simular y practicar).

7.- Reflexiones finales y cierre. (Integración de aprendizajes y compromisos para la acción).

Es una estructura base, con la cual guiarse y, a partir de la misma poder realizar desviaciones sin perderse del camino.

Termina con un generoso "colofón" escrito por Rafael Echeverría, donde cuenta sobre el origen del coaching y donde luego describe en qué consiste el Coaching Ontológico, ligándolo a Nietzsche y Buber, continúa hablando del carácter no lineal del comportamiento humano y vuelve al modelo Observador – Acción – Resultados, concluyendo con alguna reflexiones sobre aprendizaje transformacional y la importancia del espacio ético emocional. Generoso trabajo de Echeverría, donde además de realizar un resumen ejecutivo sobre el coaching y el Coaching Ontológico, interpreto es un regalo que le hace a Wolk.

Tengo dos observaciones al trabajo presentado por el autor.

La primera es la diferencia que establece entre psicoterapia y coaching, dando a entender (según mi interpretación) que el coaching es algo menor en relación a la psicoterapia, sobre todo cuando dice "desde la psicoterapia el campo es más abarcativo"... que el coaching. A su vez, señala en otra parte del libro "podríamos pensar el coaching como una aproximación a lo sintomático, mientras que la psicoterapia aborda los conflictos, intentando observar más allá de los síntomas"... Estoy completamente en desacuerdo, son dos juegos diferentes que pueden tener elementos parecidos y entrar a relacionarlos en cuanto a cual abarca más o cual es más poderosa o cual es mejor lleva a una conversación inconducente cuya respuesta, creo es, depende del terapeuta, depende del coach. Hay grandes psicoterapeutas, que además hacen un trabajo magnífico, según sus propias reglas y eso es muy bueno.

Mi segunda observación es que cada vez estoy más convencido que el coaching ontológico tiene una deuda enorme con el mundo de la corporalidad. En la clásica presentación lenguaje – cuerpo – emociones, el lenguaje se lleva un alto porcentaje, las emociones otro poco y el cuerpo es el "pariente pobre", con pocas distinciones. Como esto es así, muchos tratan de repararlo tomando prestado de otros lados, como de la bioenergética o la biodanza. Wolk se aferra al mundo de los chakras y habla de los siete centros de energía: centro bajo, centro lumbo sacro, centro medio, centro cardiaco, centro laríngeo, centro frontal y centro coronario. A mí no me gusta mucho mezclar el Coaching Ontológico con esas tradiciones, creo que le da un "olor" a esoterismo, a ocultismo, a misticismo y, el coaching está lejos de cualquiera de esos mundos. Eso no quita que es un buen intento por acercarse a ese dominio y los coaches ontológicos necesitamos con urgencia contar con más distinciones corporales y mayor desarrollo en ese campo.

Fuentes y referencias:

1.- Wolk, Leonardo (2003). "El arte de soplar las brasas". Buenos Aires. Gran Aldea Editores.

2.- Echeverría, Rafael (2003). "Ontología del Lenguaje". Santiago. J.C Sáez Editor.

3.- Kofman, Freddy (2005.) "Metamanagement". Buenos Aires. Editorial Gránica.

El coaching es puro cuento

4

Timothy Gallwey. "El juego interior del tenis"

Timothy Gallwey publicó por primera vez su libro *"El juego interior del tenis"* (1) el año 1974 según entiendo. Es uno de los libros fundamentales en la historia del coaching, al menos en EEUU. Gallwey, profesor de tenis, introduce algunos conceptos relativos a la práctica y la enseñanza del tenis, los que, a la manera de analogía se relacionan fuertemente con la naciente práctica del coaching.

¿Qué propone Gallwey en esos años, casi cincuenta años atrás que para la época era novedoso y hoy puede parecer bastante simple y obvio?

No se puede lograr el dominio de ningún juego (el tenis vendría siendo solo un juego, existen muchos más) sin prestar atención a las habilidades del juego interior. El juego interior tiene lugar en la mente del jugador y se juega contra obstáculos como la falta de concentración, el nerviosismo, las dudas sobre sí mismo y la excesiva autocrítica. Todos estos hábitos inhiben la excelencia en el desempeño (deportivo).

Es muy interesante la idea de Gallwey ya que si bien en concreto está hablando de tenis u otro deporte, metafóricamente está hablando de cualquier juego donde el resultado se alcanza o no en función de los propios recursos o "zancadillas" que la persona se hace a sí misma para desenvolverse. Esta puede ser una experiencia de muchos de nosotros, conocer gente con fuertes recursos, que, por su nerviosismo, su autocrítica o sus propias conversaciones interiores "se boicotea" y no llega a los resultados esperados teniendo todos los recursos para lograrlo.

Dentro de cada jugador existen dos yoes. Un yo parece dar órdenes, el otro, parece ejecutar esas órdenes. Luego el primer yo evalúa esa ejecución. Gallwey llama a estos yoes, el yo 1 y el yo 2. "El tipo de relación que existe entre el yo 1 y el yo 2 es el factor principal para determinar nuestra capacidad para convertir nuestro conocimiento de la técnica en acción efectiva". La clave para mejorar en el tenis (o en cualquier otra cosa) reside en mejorar la relación entre el yo que habla, el número 1 y las capacidades naturales del yo que actúa, el número 2.

Me parece muy provocativa la idea de mirar, metafóricamente los dos yoes que coexisten en nosotros y que "la conversación" entre estos yoes va determinando los resultados exteriores. Una voz controla y la otra dirige la ejecución. Si la primera voz es crítica, descalificadora, exigente, lleva a que la ejecución sea de bajo nivel.

Es curioso como esa primera voz pueda afectar tanto la emoción o los gestos corporales que aparecen quitando espontaneidad, libertad, fluidez. Tal vez ese primer yo refleje las conversaciones que tuvimos con nuestros padres y cuan positivos y optimistas estos eran con nosotros, tal vez también sea reflejo de la cultura en que nos movemos, tan centrada muchas veces en la crítica y la falta más que en lo positivo.

Siguiendo este mismo principio Daniel Pink (2) en "*Vender es humano*" compara las conversaciones interiores de los vendedores exitosos versus aquellos a los que no les va tan bien y rescata la técnica "Bob el constructor" de los buenos vendedores, conversación de "podemos hacerlo"... que los lleva a persistir y no desanimarse.

Para lograr resultados hay que silenciar el yo número 1 y hay que desarrollar una práctica de obstaculizarlo, de dejarlo fuera. Para ello se requiere aprender a crear una imagen lo más clara posible del resultado deseado, aprender a confiar en que el yo número 2 rendirá al máximo y sacará enseñanza tanto de los éxitos como de los fracasos y aprender a ver sin juzgar, ver lo que está sucediendo sin juzgar si está bien o mal.

Estas ideas me recuerdan mucho a la PNL o la hipnosis ericksoniana, cuan necesario es bypasear el consciente para que el inconsciente haga su trabajo, el que suele hacer de muy buena forma. Si uno tiene una imagen clara del resultado que quiere alcanzar y desarrolla confianza, de alguna manera los recursos inconscientes nos llevan a esos resultados sin esforzarse mucho.

El rol del coach ha sido tradicionalmente dar instrucciones técnicas, decirle al jugador lo que tiene que hacer para que este obedezca. Estas instrucciones técnicas parece que no sirven mucho si no llevan al alumno a fomentar su aprendizaje natural en vez de interferir con él. Una de las claves de este aprendizaje es "no esforzarse" en ajustar los golpes de tenis a un modelo externo. Se pueden usar modelos en el aprendizaje, pero "el aprendizaje natural es y siempre será un aprendizaje que surge del interior".

El rol del coach por analogía no es decirle al coachee lo que tiene que hacer sino que ser capaz de estimularlo a hacer pruebas, a establecer una imagen mental de lo que quiere alcanzar y despejar obstáculos, más que estimular algún esfuerzo.

El aprendizaje no es acumulación de información sino el descubrimiento de algo que cambie tu comportamiento (externo como un golpe de tenis o interno como una forma de pensar). El aprendizaje tiene que ver con cambio de hábitos. Un hábito es una pauta de comportamiento característica que existe porque desempeña una función. El momento del cambio se produce cuando nos damos cuenta de que la misma función podría realizarse de una manera mejor. De alguna manera los hábitos no se abandonan, se reemplazan por otro comportamiento, por una pauta alternativa. Por ello, no hay que luchar contra los hábitos viejos, sino que hay que crear hábitos nuevos.

Cuan novedosa para la época la formulación del aprendizaje como cambio de conducta más que como acumulación de información, hoy algo bastante aceptado en la educación y en el mismo mundo del coaching. Por otro lado, valiosa la idea que no es luchar contra los hábitos, sino que reemplazarlos por otros nuevos que, cumpliendo la misma función, sirven mejor, son más útiles y no requieren lucha para su instalación.

La gente juega tenis por diversas razones, Citando a Eric Berne y su libro *"Juegos en los que participamos"*, va a jugar distintos juegos. En la cancha están ocurriendo muchas cosas distintas y lo que uno ve no es más que una pequeña parte de la historia. Cada juego se compone de al menos un jugador, un objetivo, algún tipo de obstáculo entre el jugador y su objetivo, un espacio (físico o mental) en el que se desarrolla el juego y una motivación para jugar.

En el caso del tenis, plantea que pueden haber tres categorías de juegos: excelencia, relaciones, salud y diversión. De esto se deriva que hay personas que juegan por "la perfección", o por la "competición", otras a la "imagen" o a la posición social" o a "maridos y esposas", etc.

Creo que es muy acertada su reflexión sobre los juegos y el coaching tiene mucha relación con este tema, ¿qué juego estoy jugando aquí?, ¿en qué juego estoy metido?, ¿a qué juego me están invitando?, todas preguntas que tanto un coach como un coachee tienen que responder antes o durante un coaching. Ello me hace pensar en el juego por ejemplo de pedirle a un coach que atienda a alguien, con el discurso explícito de ayudarle a avanzar en su carrera cuando ya está decidido desvincularlo o el juego de ayude a esta persona a resolver sus problemas mientras los problemas primordiales son de naturaleza organizacional o están precisamente en quien deriva al coachee al coach. El chivo expiatorio es otro juego, donde precisamente se busca a quien culpar de malos resultados, saliendo libre de responsabilidades otros.

Ha sido muy entretenido leer a Gallwey y ver como sus ideas tan inspiradoras influyen en muchas de nuestras ideas de coaching en la actualidad. Desconozco si tuvo alguna formación conceptual, en psicología u otra disciplina si así fuera aplicó interesantes conceptos psicológicos al coaching naciente, si no fue así, habla de su claridad conceptual para imaginar un campo, el coaching deportivo e inspirar el coaching en general.

Fuentes y referencias:

1.- Galwey, Timothy (1997)." El juego interior del tenis". Málaga España. Editorial Sirio.

2.- Pink, Daniel (2011). "Vender es humano". Barcelona Gestión 2000.

5

John Whitmore. "Coaching: el método para mejorar el rendimiento de las personas"

Se trata de esos trabajos que todo quien se dedica al coaching debiera haber leído, aunque trabaje en otro modelo como el ontológico, ya que forma parte de la cultura general en el campo. "Coaching: el método para mejorar el rendimiento de las personas" (1) fue publicado hace ya varios años (la versión que tengo dice que se publicó originalmente el año 2002 en su tercera edición) enuncia de manera sencilla y simple varios de los principios que luego inspirarán al coaching en general y el coaching ejecutivo en particular.

Comienza definiendo lo que entiende por coaching, el que a su juicio trata de «liberar el potencial de una persona para incrementar al máximo su desempeño. Consiste en ayudarle a aprender en lugar de enseñarle». Esta definición surge de una distinción entre potencial y desempeño, lo primero aquello que alguien puede realizar y lo segundo aquello que efectivamente realiza. Sugiere que un coach antes de realizar coaching propiamente tal tiene que tener la convicción que su cliente puede más que lo que efectivamente muestra. Pone como metáfora la bellota del roble, en una semilla está el potencial para un árbol gigante.

Luego de ello pasa a señalar los dos principios fundamentales del coaching: elevar la autoconciencia y fomentar la responsabilidad. Respecto de la primera señala que el coachee tiene que desarrollar habilidades las que sólo puede desplegar si concentra la atención y se enfoca. En relación a la segunda propone que "Cuando aceptamos, elegimos o asumimos la responsabilidad de nuestros pensamientos y acciones nuestro compromiso con ellos aumenta y, del mismo modo, nuestro desempeño".

Sigue con algo que es fundamental en este campo, en lo que creo se diferencia fundamentalmente el coaching de otras prácticas, como la consultoría, la capacitación o la psicoterapia. El coaching se realiza formulando preguntas, las que le permiten al coachee actuar con autonomía y responsabilidad. Las preguntas deben ser abiertas, bien enfocadas y seguir el modelo GROW.

Este modelo GROW, es un acrónimo de las palabras inglesas Goal, Reallity, Options y What-when-who-will, dicho en castellano objetivos o metas, realidad, opciones y que-cuando, quien, como, dimensiones fundamentales para orientar el coaching hacia resultados efectivos.

Respecto de objetivos o metas formula una distinción entre las metas del coaching (metas del proceso) y las metas de una sesión (metas de desempeño), las primeras de más largo alcance que las segundas. A su juicio muchas veces los objetivos se formulan de manera vaga, genérica o negativa, no permitiendo luego direccionar de buen modo el coaching. Una buena formulación de objetivos debe seguir el modelo SMART, acrónimo de specific, measurable, agreed, realistic y time phased, o dicho de otro modo específicos, medibles, concertados, realistas y planeados por etapas.

Luego de los objetivos, el coachee tiene que saber en qué lugar se encuentra, para lo cual tiene que conocer la "realidad" y evaluarla. Insiste mucho en que esto debe tener lugar después de fijar objetivos o metas, pues si se hace primero se corre el riesgo de no   plantearse objetivos desafiantes y conformarse con lo que ya se tiene. A fin de evaluar la realidad debe utilizarse un lenguaje descriptivo no evaluativo, lo que permite que los juicios no tiñan de valoración la realidad. Admite que esta mirada a la realidad debe ser cercana a los datos sensoriales pero incluye emociones y actitudes.

En tercer lugar, las preguntas del coaching se deben enfocar en las opciones que tiene el coachee para lograr los objetivos que se ha propuesto. Estas opciones no "andan dando vueltas por ahí", sino que el coachee debe trabajar de manera activa en descubrirlas o inventarlas, siendo presionado por el coach a ello. Es importante suspender los juicios críticos o de factibilidad pues estos pueden inhibir la invención de opciones y lo importante es producir la mayor cantidad de opciones y luego juzgarlas.

Finalmente, "manos a la obra", pasar a la acción, una vez que el coachee ha identificado opciones y ha escogido, tiene que actuar. De nada sirve lo anterior si no actúa para lograr sus propósitos y con ello cambiar el estado de cosas. Para ello, la conversación debe enfocarse en la acción, preguntando qué hará, cuando lo hará, si dicha acción lo lleva a la meta, si anticipa algún obstáculo, si tiene que pedir ayuda y otras consideraciones prácticas. De importancia resulta evaluar la motivación que el coachee tiene para realizar aquello a lo que se compromete, pudiendo necesitar un impulso del coach para que pase a la acción.

Luego de este modelo GROW pasa a hablar del aprendizaje, relacionando el coaching con el aprendizaje. Dice que a muchos de los participantes de sus cursos les parece una manera útil de abordar el aprendizaje, proponiendo un modelo de cuatro etapas: incompetencia inconsciente (bajo desempeño, sin diferenciación ni comprensión alguna), incompetencia consciente (bajo rendimiento con el reconocimiento de los defectos y las áreas deficientes), competencia consciente (equivale a un desempeño mejorado con un esfuerzo consciente un poco artificial) y competencia inconsciente. (Equivale a un desempeño superior automático, integrado y natural).

Este enfoque de Whitmore se concentra fuertemente en la acción para producir resultados sin hablar del observador o el sujeto que está detrás de esas acciones, lo que me hace verlo como incompleto o, al menos, simple.

Otra observación que tengo es respecto a la motivación. Muchas veces las personas saben lo que quieren hacer, tienen claro el curso de acción a realizar y precisamente, no lo llevan a cabo, porque el problema no está en la acción está en el observador y, por lo tanto, el tema de conversación puede ser el miedo, puede ser la indecisión o puede ser la dificultad para decir que no, u otras tantas situaciones.

Recuerdo haberle escuchado al coach Marco Leone que estos modelos no sirven ni para los confundidos ni para los indecisos. Quienes pueden no tener clara la acción a realizar y pasar pronto a la acción se benefician de un modelo de este tipo. Sin embargo, muchos coachees no tienen tema con ello, no saben lo que quieren, quieren objetivos contradictorios, una parte de ellos quiere algo y otra parte quiere otra cosa. Con ellos el trabajo de coaching "va por otro lado" y no a definir una acción y realizarla.

Valoro el hincapié que hace en las preguntas, en la importancia de hacer buenas y muchas preguntas, enfocadas en objetivos, "realidad", opciones y acciones. He aprendido que el coach no hace sólo preguntas ya que también hace "interpretaciones", sin embargo cada vez estoy más convencido que el buen coach hace preguntas poderosas, que movilizan, que hacen mirar de otra manera y que "reinterpretan" para ver nuevas opciones y nuevas acciones.

Hace un par de años atrás fui a Talca a un seminario de coaching organizado por mi amiga Doris Méndez y me correspondió escuchar a Carlos Aguilera, quien se refirió a la indagación apreciativa desarrollada por David Cooperrider. Además de los principios apreciativos me sorprendió muy bien una idea sencilla de este autor, las preguntas que hacemos prefiguran de algún modo las respuestas que recibimos. Si escogemos preguntas desafiantes recibiremos respuestas coherentes con eso. Si preguntamos porqués recibiremos explicaciones. Si hacemos preguntas por lo que falta hablaremos entonces de déficits. En cambio sí preguntamos por recursos aparecerán recursos. Esto me ha parecido espectacular y plenamente aplicable al coaching ejecutivo.

Me agradó la conexión que hace Whitmore entre coaching y aprendizaje. Había leído el ciclo incompetencia inconsciente – incompetencia consciente – competencia consciente y competencia inconsciente y no lo asociaba con este autor, más bien lo asociaba con PNL. Es una buena forma de ver el aprendizaje y lo que hace el coach cuando trabaja con su coachee, de modo que al final se vaya con nuevos recursos que le permitan seguir su vida y no depender del coach.

Fuentes y referencias:

1.- Whitmore, John (2005)." Coaching: el método para mejorar el rendimiento de las personas". Buenos Aires, Paidós.

El coaching es puro cuento

6

Robert Dilts. "Coaching, herramientas para el cambio"

El coaching se relaciona profundamente con el aprendizaje, ya que se trata de realizar de manera consistente nuevas acciones que lleven a la persona a nuevos resultados. Las distinciones que propone Dilts de niveles de aprendizaje me han parecido especialmente relevantes para quienes nos dedicamos a este campo, para saber en qué nivel estamos trabajando y, consiguientemente, las preguntas que formulamos a nuestro coachee.

En su libro (1) comienza realizando una distinción entre coaching con minúscula y Coaching con mayúscula. Dice que el primero es el coaching que se centra en el nivel del comportamiento, enfocándose al proceso de ayuda a otra persona a alcanzar o mejorar determinada actuación de comportamiento. En cambio, el Coaching con mayúscula implica "ayudar a las personas a lograr con eficacia objetivos a distintos niveles, enfatizando el cambio generativo, concentrándose en reforzar la identidad y los valores, abarcando el cambio de comportamiento".

Se basa en el modelo de niveles neurológicos, creado por Gregory Bateson y utilizado por la PNL. Dice que "para alcanzar el éxito deseado tanto el coaching como el modelado (PNL) requieren a menudo tratar con múltiples niveles de aprendizaje y cambio". Por ello "la vida de cualquier individuo dentro de un sistema, así como la vida del propio sistema, pueden ser descritas y entendidas sobre la base de una variedad de niveles, que abarca los correspondientes al entorno, el comportamiento, las capacidades, los valores y creencias, la identidad y el nivel espiritual".

La tarea del coach será entonces proporcionar "apoyo" y «custodia» necesarios para ayudar a su cliente a desarrollarse, crecer y evolucionar en todos los niveles de aprendizaje y cambio, según se encuentran definidos en estos niveles neurológicos.

El resumen de niveles y accione se presenta en la siguiente tabla:

Nivel		Acción
Entorno	Factores que determinan las oportunidades y limitaciones externas que individuos y organizaciones deben identificar y frente a las que tienen que reaccionar.	Cuidado y guía
Comportamiento	Pasos específicos de acción tomados para alcanzar el éxito.	coaching
Capacidades	Relacionadas con los mapas mentales, los planes y las estrategias que conducen al éxito.	Enseñanza
Valores y creencias	Están relacionadas con el porqué de la elección de determinado camino, así como con las motivaciones más profundas que llevan a la persona a actuar o a perseverar.	Tutoría
Identidad	Relacionados con el sentido de la persona sobre su papel o misión.	Patrocinio
Espíritu	Relacionados con la visión de la persona acerca del sistema mayor del que forma parte.	Despertar

Estos niveles son:

Nivel 1: Entorno. Es el contexto externo en el que tienen lugar nuestras interacciones y comportamiento. La acción de coaching en este nivel se llamará "cuidado y guía" y consistirá en proporcionar apoyo con respecto al entorno en el que tiene lugar el cambio del individuo o de la organización. Parte del cuidado y guía será identificar las variables que están más allá del control de los actores o de quienes deben tomar decisiones.

Nivel 2: Comportamiento. Se refiere a las acciones y reacciones físicas específicas a través de las que interactuamos con los demás y con el entorno. La acción de coaching es precisamente "coaching" que consiste en ayudar al cliente a desarrollar competencias de comportamiento específicas, lo que implica establecer los resultados específicos del comportamiento dentro del entorno. Qué hacer cuando y donde.

Nivel 3: Capacidades. Se trata de las habilidades, mapas mentales, planes y estrategias que conducen al éxito. La acción de coaching en este nivel se llama "enseñanza" la que consiste en ayudar a las personas a incrementar sus competencias y habilidades que tengan relación con determinada área del conocimiento. Por ello el coach centra su atención en la adquisición de capacidades o mapas mentales, lo que está más allá de la percepción del entorno inmediato y le permiten actuar en el entorno.

Nivel 4: Valores y creencias. Los valores y creencias se relaciona con el por qué tomamos cierto camino. Sirven para estimular, inhibir o generalizar estrategias, formas de pensar y planes. La acción de coaching en este nivel se llama "mentoría" o "tutoría" y ayuda a establecer, clarificar o reforzar los valores y las creencias clave.

Nivel 5: Identidad. El sentido de identidad es profundo, centrándose en la percepción que el individuo tiene de sí mismo, de su papel y de su misión. La acción se llama "patrocinio" y consiste en ayudar al coachee a reconocer y aceptar las características fundamentales de su persona. También se enfoca en salvaguardar en la otra persona cualidades y potencialidades fundamentales para que exprese y desarrolle al máximo nivel sus cualidades y aptitudes únicas.

Nivel 6: Espíritu. Se trata de la visión de la persona tiene acerca del sistema mayor del que forma parte. La acción de coaching se llama "despertar", que se enfoca en reconectar con nuestras motivaciones a nivel más profundo, con el sentido de algo que trasciende la imagen que tenemos de nosotros mismos para incluir el sistema mayor del que formamos parte. Este nivel aparece especialmente en transiciones importantes en la vida personal o profesional.

Lo más interesante del trabajo de Dilts es que permite conectar los distintos niveles con las preguntas de coaching, de modo que al hacer una pregunta al coachee podamos reflexionar sobre qué nivel estamos trabajando. Ello se ve en el siguiente cuadro:

Nivel	Soporte	Pregunta básica
Entorno	Cuidado y guía	Dónde y cuándo
Comportamiento	Coaching	Qué
Capacidades	Enseñanza	Cómo
Valores y Creencias	Tutoría	Por qué
Identidad	Patrocinio	Quién
Espíritu	Despertar	Para quién o para qué

En algunos procesos de coaching podemos mantenernos en el nivel del entorno y del comportamiento. En otros podemos avanzar hacia las capacidades. En procesos más profundos el tema tendrá que ver con valores y creencias o con identidad. Y, posiblemente, muchos procesos, muy significativos, se enfocarán en el nivel que Dilts llama del espíritu. Cada nivel es más profundo y preguntas ahí tocan necesariamente los niveles inferiores.

Al inicio del libro habla que estos niveles de cambio se pueden aplicar a individuos y organizaciones. De estas últimas habla muy poco, sin embargo pueden emplearse perfectamente para dicho nivel también.

Tengo una sola observación con el uso reiterativo que hace de la palabra "éxito". Entiendo que ello puede ser relevante en su paradigma del coaching. Cada vez me gusta más el término "logro" por sobre la palabra éxito, ya que logro indica alcanzar un objetivo, llegar a un propósito, ponerse un desafío y alcanzarlo. En cambio éxito lo interpreto como un juicio teñido de comparación y competencia, lo que creo se aleja de los valores del coaching.

Fuentes y referencias:

1.- Dilts, Robert. (2004). "Coaching, herramientas para el cambio". Barcelona. Ediciones Urano.

Capítulo II
MODELOS Y ENFOQUES

7

"Ontología del lenguaje" y Coaching Ontológico

Leí por primera vez el libro de Rafael Echeverría *"Ontología del lenguaje"* (1) a sugerencia de mi amigo Marco Ortiz hace ya muchos años. Tengo que reconocer que no entendí nada, además que lo encontré un libro árido y pesado de entender. Luego de eso lo he releído numerosas veces más y cada vez encuentro conceptos de los que no me había percatado en lecturas anteriores.

Escrito por Rafael Echeverría, primera edición en castellano del año 1994, basado en los aprendizajes que hizo con Fernando Flores. De hecho en todos los inicios de capítulos dice algo así como "agradezco al doctor Flores y a BDA, propietarios de los derechos de autor de trabajos en los que se basa este segmento, por permitirme gentilmente hacer uso en este libro de largas secciones de tales trabajos", tema no menor pues excepto en el libro escrito por Cristian Warknen *"Conversaciones con Rafael Echeverría"* (2) donde cuenta del trabajo con Flores no le he leído jamás mención a su participación en la consultora de Flores.

Tengo que narrar eso sí que le escuché de primera fuente contar en alguna charla las diferencias con Flores en términos de cuestionar el estilo que este usaba para "quebrar" a las personas en los talleres en los que participaban, estilo que Echeverría y Olalla no compartían y que significó que separaran aguas de Flores y se embarcaran en el proyecto Newfield, hace ya muchos años. Le escuché decir a Echeverría que la "gentil irreverencia" era algo así como un hijo no deseado, que más bien revelaba sus incompetencias como coach, antes que un método adecuado para trabajar con el coachee.

Es preciso reconocer eso sí que Flores nunca le llamó a este modelo Coaching Ontológico ni Ontología del lenguaje y, por lo que narra en el libro citado de Warknen, es un término puesto por el propio Echeverría ya que Flores lo llamaba Diseño Ontológico.

Alguna vez haciendo clases o en otras actividades me he encontrado con "florianos" o con "maturanianos", quienes no le tienen cariño a Echeverría. También ha habido polémicas por los medios entre estos gurúes hace algunos años. Yo les tengo cariño a todos ellos por el tremendo aporte que han hecho a nuestra interpretación del mundo, allá los genios con sus peleas de egos.

Algunas ideas del "discurso de la Ontología del lenguaje" para luego reflexionar sobre coaching ontológico.

La importancia del lenguaje

Ya desde pequeños los seres humanos nos caracterizamos por ir entrando a la dimensión del lenguaje e ir coloreando nuestra vida primero con ruidos, luego con balbuceos y finalmente con palabras y toda una gramática. Nos parece tan natural habitar en el lenguaje que se nos olvida que es una propiedad que nos hace tan humanos que aquellos que tienen dificultades de lenguaje o pierden el lenguaje empiezan a quedarse sin lo más humano que tenemos.

En este ámbito existen enormes desarrollos conceptuales para explicar que es el lenguaje, como surge, como se desarrolla, su conexión con el cerebro, su conexión con la vida social.

El coaching es puro cuento

Un autor interesante de leer es Berger y Luckman (3) quienes proponen que el lenguaje es una "objetivación" de la vida humana, índice de los procesos subjetivos de las personas que los producen. Un caso de objetivación son los símbolos o signos, cuyo objetivo es servir de indicio de significados subjetivos. El lenguaje es el sistema de signos vocales más importante de la sociedad humana y como tal permite trascender la vida cotidiana, el aquí y el ahora, el tiempo y el espacio. El ser humano crea el lenguaje y, de alguna forma, el lenguaje crea al ser humano.

El lenguaje genera identidad, genera coordinación de acción, es responsable del sufrimiento o la felicidad.

El lenguaje crea realidad

Basado en los trabajos de los teóricos de los Actos de Habla, primero Flores y luego Echeverría, discuten acerca de cómo el lenguaje es acción y como tiene propiedades generativas. Los seres humanos hacemos algo que es hablar y hablar es una acción. Y cuando hablamos, generamos realidad, la que luego nos crea a nosotros los seres humanos, no en cuanto a nuestra anatomía pero si en cuanto a nuestra concepción misma del mundo. El lenguaje puede usarse con fines descriptivos, lo que hacemos a cada rato. Y el lenguaje puede generar mundos lo que nos acerca a las propiedades divinas: "hágase la luz y la luz se hizo".

Existe un libro muy bonito de Jerome Brunner "*La fábrica de historias*" (4) donde discute como los abogados, poetas y otros "cuentan cuentos" y con ello ayudan a delimitar la realidad en la que luego viven jueces y jurados, así como otros seres humanos. Cuanto de ello hacen los líderes, los filósofos, los profesores y cualquier persona con solo hablar y contar historias.

Actos de Habla

Ya que el lenguaje es acción, es crucial caracterizar los actos de habla, acciones en el lenguaje, universales a todos los seres humanos, independiente del idioma que hablen. Echeverría distingue los seis actos lingüísticos fundamentales: afirmaciones, declaraciones, juicios, peticiones, ofertas y promesas. Cada Acto de Habla se hace cargo de compromisos específicos.

Hay un libro muy lindo de un discípulo de Maturana y Flores, llamado Budd Mathew, el libro se llama *"Tú eres lo que dices"* (5), donde describe los Actos de Habla. Dice "el lenguaje hace posible la coordinación con los demás para crear contratos, comunidades para aprender y para vivir, procesos y procedimientos nuevos. También permite a la gente cobrar conciencia de si misma y de los demás y crea la confianza, la intimidad y sí, también el sufrimiento. No podemos siquiera imaginar la vida sin lenguaje. Si lo intenta, observe que lo está imaginando con el lenguaje mismo".

Según Mathew los Actos de Habla son las peticiones, promesas, declaraciones, valoraciones y afirmaciones. Se le olvidan las ofertas, que al igual que las peticiones son acciones de apertura para lograr promesas o compromisos.

Si bien transmito mucho en todos lados acerca de peticiones, ofertas y promesas, las responsables de la coordinación de acción, no dejan de maravillarme las declaraciones, acción lingüística que muestra en toda su potencia el poder del lenguaje, ya que primero se declara y luego aparece el mundo.

Vivimos en mundos conversacionales

Se infiere de los Actos de Habla, la importancia de las conversaciones. De hecho Flores ya había señalado que se puede mirar a la organización como redes de conversaciones. Echeverría insiste en esto y formula una tipología de conversaciones: privadas y públicas; de juicios, de coordinación, de posibles acciones y de posibles conversaciones, cada una de las cuales tiene su particular composición e importancia.

Nuestras relaciones personales son las conversaciones que tenemos, no existe algo así como una relación sin conversación, a menos que sea una relación imaginaria, en cuyo caso sólo tendrá conversaciones privadas con nosotros mismos a propósito de algún otro.

Concepción interpretativa de la escucha

Si hablar es fundamental, escuchar es más fundamental aún ya que es el que le da sentido al hablar. Propone Echeverría mirar el escuchar como oír + interpretar, el que en versiones posteriores reformula como percibir + interpretar. Oír o percibir es un fenómeno biológico dado por nuestros sistemas perceptivos, en cambio escuchar tiene que ver con interpretar, con hacerse cargo de las historias que construimos a partir de las palabras de otro, historias que tienen que ver con la acción, con las inquietudes, con lo posible, con el alma humana.

La escucha se convierte entonces en la base del Coaching Ontológico, ya que un coach se dedica a escuchar y a partir de lo que oye es capaz de proponer interpretaciones a su coachee que le hagan nuevo sentido, que le permitan construir nuevos significados, que le abran nuevas posibilidades en la vida.

Hacerse cargo de la escucha como práctica interpretativa nos permite entender porque muchas veces lo escuchado no tiene ninguna relación con lo dicho por la otra persona, lo que puede generar brechas, malas interpretaciones, así como nuevas posibilidades mutuas.

Papel de las emociones y estados de ánimo

Uno de los puntos que me gusta especialmente de la Ontología del Lenguaje, sobre el que creo que Echeverría sigue en deuda pues no ha profundizado mucho más allá en el tema es el capítulo relativo a emociones y estados de ánimo. Las primeras relacionadas con la interpretación de un evento y cambios en la predisposición a la acción y, las segundas, como un fenómeno de trasfondo, un fenómeno conversacional, que genera también predisposiciones a la acción. Me parece poderosa la distinción de estados de ánimo, entre paz, ambición, resentimiento, resignación.

Creo que estas dos últimas describen muy bien el clima organizacional y al mirarlo así se abren posibilidades de intervención muy distintas de las miradas clásicas del DO centradas en variables.

Y, entonces qué es el Coaching Ontológico.

El Coaching Ontológico es tributario de la Ontología del lenguaje que le da sustento conceptual a una práctica conversacional, donde se facilita el aprendizaje transformacional.

Resumiendo un video donde entrevistan a Rafael Echeverría, se puede decir que:

1.- Es coaching: El coaching es una práctica que viene del mundo deportivo y como tal fue inventada para producir resultados extraordinarios por medio de la intervención de un individuo distinto del mismo deportista, un observador externo que ayuda a mirar y realizar acciones distintas de las efectuadas anteriormente. En esto el coaching ontológico se parece a otras escuelas de coaching. La diferencia importante es la "ontológica".

2.- Es ontológico: Es tributario del discurso de la Ontología del lenguaje y apunta a experiencias de aprendizaje de las que salimos distintos de como éramos antes de esas experiencias, es decir, un aprendizaje que cambia al ser que somos, y que por lo tanto, nos lleva a mirar de otra manera, a efectuar otras interpretaciones, a, en definitiva, pararnos de otra manera en el mundo, lo que a su vez permite efectuar otras acciones que antes no estaban disponibles. Esto es lo que en el coaching ontológico se llama aprendizaje transformacional, un aprendizaje que no está ligado directamente a la acción, sino que al cambio de paradigmas o, como diría Senge, de modelos mentales.

Esta distinción ontológica se grafica en el modelo propuesto originalmente por Argyris de Observador – Acción – Resultado. El coaching ontológico apunta al cambio de observador, cambio que trae nuevas acciones, que generan nuevos resultados, con lo que se consigue desenvolverse de manera más efectiva en el mundo.

3.- Se hace cargo de quiebres: Las personas llegan al Coaching Ontológico porque hay algo que no funciona, algo que falta, un sentimiento que "el curso esperado de los acontecimientos" no es lo que debería ser. Al declarar un quiebre se abre la posibilidad de abrir conversaciones para hacerse cargo de esos quiebres y, por lo tanto, realizar nuevas acciones. Un quiebre es distinto de un problema ya que este último tiene la connotación de algo negativo. Un quiebre es la ocurrencia de algo inesperado que nos da la posibilidad de aprendizaje.

4.- Los quiebres tienen que ver con el sentido: Vivimos una época en que muchas de las grandes narrativas (religiosas, políticas) que le daban sentido a la vida se encuentran en crisis por lo que frente a una situación particular de quiebre es necesario buscar o recuperar el sentido. Al ofrecer nuevos sentidos a la acción el coaching ontológico ofrece "desbloquearnos", darnos otras posibilidades que antes no vislumbrábamos con lo que, según Echeverría, se conecta con el poder de las interpretaciones.

5.- Propone interpretaciones: Los seres humanos vivimos en mundos interpretativos, por esa razón, lo que es posible o imposible no tiene que ver con "la realidad" sino que con las interpretaciones que hacemos. Por ello, cada vez que alguien se encuentra en un quiebre, son sus interpretaciones de la situación las que le quedan chicas y, en este sentido, el trabajo de un coach ontológico es proponer nuevas interpretaciones que le hagan sentido al coachee, de manera que integre su experiencia, la mire de otro modo y pueda comportarse diferente, para tener mejores resultados.

El coaching no cambia el mundo, pero al cambiar las interpretaciones que hacemos del mundo cambia el mundo.

6.- Es una práctica conversacional: Al igual que otros coaching es una práctica conversacional, se realiza por medio de conversaciones entre un coach y un coachee. Es en las conversaciones que se declaran los quiebres, donde se proponen nuevas interpretaciones, donde se busca el sentido. No es puro lenguaje ya que las conversaciones incluyen cuerpo, emociones y lenguaje. Al ser una práctica conversacional la principal destreza del coach es generar contexto para la conversación, hacer preguntas y ofrecer interpretaciones al coachee.

Fuentes y referencias:

1.- Echeverría, Rafael (2003). "Ontología del lenguaje". Santiago, JC Sáez Editor.

2.- Warknen, Cristian – Echeverría, Rafael (2006). "Conversaciones con Rafael Echeverría". Santiago, Comunicaciones Noreste Ltda.

3.- Berger y Luckman (2006). "La construcción social de la realidad". Buenos Aires, Amorrortu.

4.- Bruner, Jerome (2002). "La Fábrica de historias". Buenos Aires. Fondo de Cultura Económica.

5.- Budd, Mathew (2001). "Tú eres lo que dices". Madrid. Editorial EDAF.

6.- Echeverría, Rafael. En https://www.youtube.com/watch?v=8MlrqQ-eho0

8

Coaching Apreciativo

Escuché hace un tiempo de Coaching Apreciativo y los trabajos de Cooperider. Me pareció especialmente provocativa la idea de la percepción selectiva. No vemos todo lo que hay sino que aquello en lo que nos enfocamos y ponemos atención, dejando de observar muchos elementos de nuestro entorno. Como dice mi amigo Marco Ortiz, no se trata de ver para creer sino que de creer para ver.

Bajo esta idea resulta interesante el trabajo de Simmons y Chabris (1) quienes en su libro *El gorila invisible* describen el clásico experimento donde un grupo de basquetbolistas, unos con camisetas negras y otros blancas juegan un partido y se le solicita a los observadores que cuenten los pases de basquetbol. En la mitad del juego aparece un gorila quien saluda, se pega en el pecho y sale de la escena. Al preguntarles a las personas ¿Qué vieron? Relatan efectivamente los pases del juego. Al preguntarles ¿vieron algo más?, muchos de ellos afirman no haber visto nada más. Los autores reflexionan sobre como la intuición nos engaña y como filtramos activamente la información.

Miriam Subirana y su libro *Florecer juntos, guía del coaching apreciativo* (2) nos guía por este modelo.

El principio general de este enfoque apreciativo es que la definición de realidad, lo que vemos tiene que ver con las conversaciones y las historias que nos explicamos. Podemos plantearnos otras formas de ver, vivir y conversar. Las palabras que utilizamos para definir los problemas son negociables: podemos utilizar nuevos lenguajes que nos ayuden a avanzar.

Lo que llamamos realidad es una definición que realizamos activamente a partir de las conversaciones y las historias que construimos, de ahí que si nuestras conversaciones e historias se enfocan en problemas, lo que veremos son problemas, si se enfocan en debilidades eso será lo que aparecerá, de ahí que en una suerte de percepción selectiva, filtramos continuamente. El Coaching Apreciativo es un coaching de fortalezas, se enfoca abiertamente en ellas por sobre quiebres, debilidades o déficits.

Hace unos años atrás concurrí a un taller The Art of Hosting en Lima y uno de los facilitadores, basado en este enfoque, nos solicitó en grupos de trabajo, salir al campus donde se efectuaba el curso y observar todas las cosas blancas que viéramos, anotarlas en una hoja y luego venir a reportar nuestras observaciones. Curioso fue cuando nos solicitó que señaláramos todas las cosas azules que habíamos visto. No habíamos visto ninguna, pues nuestra atención estaba enfocada en cosas blancas. La conclusión de la actividad fue clara, uno ve aquello en lo que se concentra.

Según la autora, basada en el construccionismo social, hay diversas ideas que destacar en el modelo. Entre ellas:

(1) Creamos nuestras maneras de comprender la realidad y los valores según el lenguaje que utilizamos.
(2) Hay múltiples tradiciones con las que construimos el mundo.
(3) Hay realidades múltiples y juntos podemos co-construir nuevas realidades.
(4) Las palabras crean mundos.
(5) Se asume la impermanencia.

(6) Las realidades sociales no están ni son fijas.

(7) Todo saber está saturado de valores, convencionalismos, teorías, tiempo y espacio.

(8) Los modos de explicar se derivan en relaciones.

(9) Toda acción social está abierta a significados múltiples.

(10) Las alteraciones en nuestras prácticas lingüísticas son poderosas.

Además, a partir de la indagación apreciativa se tiene que:

(1) La innovación eclipsa la intervención.

(2) Crear sustituye el resolver.

(3) El énfasis está en el liderazgo colaborativo.

(4) Se acentúan las suposiciones positivas acerca de los seres humanos.

(5) La atención se pone en el dialogo más que en el diagnóstico.

Por eso que una de las ideas centrales del enfoque: "es un desplazamiento desde las valoraciones basadas en limitaciones, de las debilidades humanas hacia la indagación de las competencias, el potencial y las vocaciones humanas basadas en fortalezas", "es un desplazamiento desde el relacionarse con la gente a través de sus debilidades hacia el ver a todas las personas con un noble potencial que descubrir, alimentar y expresar".

A partir de esta idea inicial, el Coaching Apreciativo se enfoca en recordar momentos "que nos hicieron vibrar desde lo más profundo de nuestro ser y nos conectaron con el núcleo positivo", "se trata de recordar lo que nos mueve, descubrirlo de nuevo y sentirlo para así despertar nuestro sueños más profundos y vivirlos". El núcleo positivo es el "centro vital de nuestra persona, el que nos hace vibrar con entusiasmo y alegría de vivir y nos abre a nuestro pleno potencial; contiene nuestra esencia... incluye nuestras competencias, habilidades, talentos y nuestros mejores logros y prácticas, las fortalezas, los potenciales no explorados y nuestros valores... es un núcleo que crece, florece, se expande y encuentra sentido en las relaciones, al darse y compartir".

A mí en general me cuesta empatizar con estas ideas esencialistas, transpersonales, espirituales como si hubiera algo especial en los seres humanos, un núcleo positivo, localizado en alguna parte de nuestro interior, distinto de las otras especies del planeta. En general, comparto la interpretación que ello no es así, sino que dado nuestro cerebro (biología) y el lenguaje (social) emergen nuestras capacidades interpretativas, entre las cuales interpretamos que tenemos algo especial, distinto de otras especies. Creo que esta es la gran contribución de Darwin, que nos permite explicar la continuidad (no somos muy distintos de otras especies del planeta) y discontinuidad (somos muy distintos dada nuestra organización social y fundamentalmente el lenguaje humano) con otras especies.

No obstante lo anterior, me parece que la idea lingüística de "núcleo positivo" es atractiva para designar una mirada, una interpretación, que se concentra, coherentemente con el enfoque apreciativo, con aquello positivo, entusiasta, optimista, valioso, que caracteriza a cada ser humano, en vez de enfocarse en un "núcleo negativo", de debilidades, faltas, carencias, etc.

De ahí se sigue que todo el Coaching Apreciativo se basa en la indagación de este "núcleo positivo" a partir de preguntas que permitan encontrarlo y conectar con él, lo que tiene varias fases: definir lo que se quiere trabajar y hacia donde se quiere ir, descubrir las fortalezas que apoyarán en el recorrido, soñar, generando una visión clara orientada a resultados en relación con el potencial descubierto que se quiere manifestar más en la vida cotidiana y diseño y destino donde se construye un presente basado en unas propuestas que se construyen.

Este ciclo se llama el ciclo de las 5 D de la indagación apreciativa, el que puede verse en el siguiente esquema.

Ciclo de las 5 D de la Indagación Apreciativa

Visto en detalle:

1 Definición: Se elige cual será el tema en el cual se van a centrar las sesiones de coaching. No se usa la palabra objetivos, sino que se refiere a temas, líneas de indagación. Se indaga en historias que sean donadoras de vida, que conecten con el núcleo positivo, que expliquen experiencias cumbre, momentos de plenitud. No se basa en discurso de déficit sino que en lo que la persona quiere y lo que la mueve, la motiva y la revitaliza.

2 Descubrir: En esta fase se amplía la mirada para encontrar el núcleo positivo que ha hecho vibrar y ha dado fuerzas para avanzar en la vida. Aquello a lo que se ha recurrido cuando se han superado desafíos o transitado por cambios importantes. Se indaga en historias conectadas con los temas elegidos en la fase de Definir, haciendo hincapié en aquello que le dio vida, que lo motivó, lo conectó con su plenitud, lo abrió y le reveló algún aspecto importante. Se busca llevar al cliente a una perspectiva que lo empodere.

3 Dream (Soñar): En esta etapa se descubren los anhelos del cliente, lo que quiere, lo que lo atrae. Se crean imágenes atractivas que lo motiven a avanzar hacia un futuro deseado. Se activa el atractor emocional positivo al describir sueños y aspiraciones. Se anima al cliente a crear imágenes de posibilidades, a dar voz a ese futuro deseado.

4 Diseño: Se acompaña al cliente en mantenerse focalizado en sus sueños y centrarse en lo prioritario. Se trata de afirmar la realidad del sueño y apoyar elecciones y acciones conscientes que lo facilitarán. Se diseñan propuestas como principios para llevar a la acción. Se espera que las propuestas sean provocadoras y suponen afirmaciones de lo que es posible

5 Destino: Esta fase se centra en ayudar al cliente a reconocer sus sueños en el presente. Aterrizarlos al ver que aspectos de sus anhelos puede empezar a concretar, que primeros pasos puede y quiere dar y a quienes va a involucrar. Este enfoque es distinto del enfoque de solución de problemas en que primero se analiza y planifica y luego se actúa basándose en un plan. En el enfoque apreciativo no hay plan de acción, el mismo hecho de dialogar usar otro lenguaje y de evocar imágenes crea un futuro nuevo e inspirador, generando acciones desde esa visión de futuro.

Subyacente a estas fases existe en el enfoque apreciativo una noción de singularidad en cada ser humano, dice la autora "no temamos brillar, ser únicos y ser diferentes", "nuestra singularidad personal es el regalo que podemos aportar al mundo y a nuestras relaciones". "El Coaching Apreciativo honra la singularidad de cada uno, su excepcionalidad y los elementos diferenciales que la persona aporta al proceso. Cada uno es especial, diferente y único. Quien es singular es original, notable, sorprendente, excelente, extraordinarario, raro, distinto, peculiar, atípico, diferente, excepcional y misterioso".

Me gustó esta reflexión y valorización de la singularidad ya que todos tenemos fortalezas características sobre las que se pueden construir oportunidades de desarrollo y de hecho, desde la misma noción de estrategia, la diferenciación puede ser una enorme oportunidad de desarrollo. Creo que además esta idea es muy coherente con la mirada de la inteligencia emocional o las inteligencias múltiples. Recuerdo el trabajo de Ken Robinson en *El Elemento*, donde precisamente destaca desde el ámbito educativo, la importancia que cada uno reconozca esas diferencias únicas y construya sobre ellas su pasión.

Yendo al Coaching Apreciativo propiamente tal, señala la autora, que se basa en sostener conversaciones generativas, conversaciones que aporten sentido, generen significado y muevan la energía necesaria para crear el futuro deseado. Estas conversaciones se basan en la idea de Kurt Lewin de que las acciones humanas dependen del mundo que construimos y no del mundo tal como es. Dice Subirana, "en este sentido, construimos nuestro mundo basándonos en las perspectivas que vamos creando según nuestras relaciones y nuestras conversaciones".

Dado lo anterior, el Coaching Apreciativo se basa en las siguientes premisas.

Relación: El centro de todo cambio y de la realidad que creamos son las relaciones. Somos fruto de las relaciones que hemos tenido desde que nacimos. Cada persona es un nudo relacional y no podemos tratarla solo considerándola como individuo separado de su red.

Lenguaje: El lenguaje que las personas utilizan crea su realidad.

Imagen: Las imágenes crean mundos. La realidad que vivimos la creamos con las imágenes en las que creemos y proyectamos. El cambio se inicia en las imágenes que tenemos del futuro.

Preguntas: Las comunidades y personas caminan en la dirección que plantean sus preguntas. El acto de plantear preguntas influye en el grupo y en la persona de manera que la estanca o la hace avanzar. Las preguntas movilizan nuestros mundos.

Apreciar: Todo ser humano necesita ser apreciado y reconocido. Cuando apreciamos avanzamos, nuestra mente se abre a recibir, a reconocer nuevos datos y a aprender.

Emoción positiva: La positividad y las emociones positivas amplían los repertorios de pensamiento y acción de las personas y construyen recursos verdaderos.

Cambio: Las personas sienten más confianza y se sienten más cómodas en su viaje al futuro (desconocido) cuando llevan consigo partes del pasado (conocido). Al llevar partes del pasado, esas partes deberían ser lo mejor del pasado para favorecer la creación del mejor futuro posible.

El enfoque apreciativo aplicado al coaching da para mucha mayor reflexión donde destacar los principios apreciativos y como ellos se plasman en esta práctica. Destaco algunas similitudes con otros modelos ya conversados, sobre todo la idea que construimos, a partir de nuestras conversaciones, espacios de posibilidades que nos pueden llevar a vivir una vida más plena y más satisfactoria, como podemos construir nuevas realidades a partir de cambiar nuestras historias y, sobre todo, como al destacar lo positivo, los recursos, aparecen nuevas acciones antes impensadas.

Fuentes y referencias:

1.- Chabris, Christopher y Simons, Daniel (2011). "El gorila invisible". Buenos Aires, siglo XXI Editores.

2.- Subirana Miriam (2015). "Florecer juntos". Barcelona. Editorial Kairos.

9

Coaching con Programación Neuro Lingüística

Entre las muchas escuelas de coaching la PNL (Programación Neuro Lingüística) merece un lugar bien destacado ya que muchos coaches trabajan con este modelo, además de utilizarse en psicoterapia y otras prácticas.

Bandler y Grinder en su libro *"La estructura de la magia"*(1) describen los trabajos de terapeutas como Perls o Satir, a partir de lo cual reflexionan sobre la importancia de crear una estructura de los cambios que estas personas provocan para poder aprenderla con los recursos apropiados. En el trabajo citado asumen la distinción propuestas por Korsybski *"El mapa no es el territorio"*. Señalan que hay necesariamente una diferencia entre el mundo y cualquier modelo o representación del mundo. Y, que los modelos que cree cada uno de nosotros serán diferentes, dadas las limitaciones de orden neurológico, social e individual.

Joseph O'Connor y Andrea Lages en su trabajo (2) sobre coaching y PNL retoma esta tradición iniciada por Bandler y Grinder y sostienen que la PNL estudia el modo en que estructuramos nuestras experiencia subjetiva: como pensamos acerca de nuestras creencias y nuestros valores, como creamos nuestros estados emocionales y como construimos nuestro mundo interior y le dotamos de significado.

Dado ello se definen los tres elementos del modelo PNL.

Programación: El modo en que secuenciamos nuestras acciones para alcanzar nuestros objetivos.

Neurología: La mente y el modo en que pensamos.

Lingüística: el modo en que utilizamos el lenguaje y en que éste nos afecta.

A juicio de los autores, las personas llegan a solicitar coaching por diversas razones, pero el denominador común es la existencia de alguna disonancia entre sus sueños y la realidad. Dado esto, para la PNL el coaching se centra en lograr lo que la persona desea (el objetivo) cuestionando las creencias limitadoras y reforzando las positivas mediante tareas que proporcionan retroalimentación. La PNL y el coaching que se deriva de ella tiene cuatro suposiciones:

1 Cada cual tiene los recursos que necesita o puede adquirirlos. El coach trata siempre a su cliente como si tuviese todos los recursos que necesita, no es el coach quien tiene la respuesta sino el cliente

2 En cualquier situación cada cual toma la mejor opción que puede. Ello implica que hacemos lo mejor que podemos en la situación actual, dados los recursos que tenemos.

3 El comportamiento humano está dotado de propósito. Nos movemos por objetivos y valores, lo que queremos y porque lo queremos.

4 Si quieres comprender, actúa. Muchas personas comprenden lo que les sucede pero no pasan a la acción, para cambiar es necesario actuar, implementar un nuevo comportamiento.

Yo no sé si la gente que concurre a procesos de coaching tiene todo tan claro y es precisa en indicar el objetivo a lograr, de hecho muchas veces solo tiene malestar y no sabe lo que quiere, por lo que precisamente parte importante del trabajo es construir un objetivo y propósito del mismo coaching. Tal vez en procesos de naturaleza más ejecutiva, cuando la meta la define un externo puede ser más nítida, pero en mi propia experiencia, es muy habitual que el coachee no tenga nada claro y sienta malestar o insatisfacción y por ello precisamente acude a un proceso de coaching.

Y, por otro lado, puedo estar de acuerdo con las suposiciones de la PNL pero con matices. Tal vez, en general, las personas tengan recursos pero precisamente concurren a un proceso de coaching porque la situación que vivencian los tiene sobrepasados y por ello necesitan nuevos recursos de los que en el momento actual carecen. Además, si bien la acción es fundamental, no basta la acción, muchas veces lo central es desarrollar una nueva interpretación o comprensión de lo que sucede para, a partir de allí, desarrollar nuevas conductas. Como decía Kurt Lewin, "nada más práctico que una buena teoría".

Los autores profundizan en los capítulos posteriores acerca de que es un objetivo, el que define como "un sueño con piernas". Ello implica que los objetivos nos hacen avanzar. Los objetivos son diferentes de los problemas ya que estos centran en lo que está mal, en lo que falta. Por eso los objetivos deben formularse en positivo, ser específicos y contar con pruebas de que se han logrado. De ello se deriva que la acción del coach es ayudar al coachee a desarrollar un plan de acción para lograr esos objetivos definiendo los pasos que seguirá para llegar a la meta propuesta.

Joseph O'Connor y Andrea Lages describen luego algunas técnicas de PNL que se pueden usar al inicio y en distintas partes de un proceso de coaching, tales como "construir sintonía", "igualar el comportamiento", "igualar palabras", "igualar el pensamiento", "la rueda de la vida", "calibrar" y "escuchar". Todas estas técnicas se basan en las modalidades perceptivas (visual, auditivo y kinestésico) y en el igualar para generar empatía.

Siempre tengo mis dudas con estas "técnicas" ya que entiendo que la actitud fundamental de un coach es la empatía y esta, si bien puede tener una que otra técnica es más bien una actitud. Conozco excelentes coaches, empáticos, que no usan ninguna técnica ad hoc para ganar esa empatía y muy malos coaches que se centran en calibrar, igualar y otras acciones más, pero igual son lejanos para el coachee.

La rueda de la vida es una buena técnica, donde se le pide al coachee que evalúe su vida en distintos planos: finanzas, amor, relaciones, desarrollo personal, carrera, salud, entorno físico, ocio y diversión, pudiendo a partir de estas evaluaciones tener un panorama de cómo se siente y en que ámbitos se juzga mejor o peor.

Algo común del coaching con PNL con otros modelos de coaching es el proceso de hacer preguntas, acción fundamental que desarrolla el coach con su coachee para llevarlo a reflexionar sobre su experiencia y encontrar nuevas luces. Destaca Joseph O'Connor la importancia de las preguntas poderosas, las que comparten cinco características, según PNL.

1.- Suelen comenzar con la palabra qué.

2.- Conducen a la acción.

3.- Están más orientadas a objetivos que a los problemas.

4.- Llevan al cliente hacia el futuro más que a buscar explicaciones en el pasado.

5.- Contienen presuposiciones poderosas que ayudan al cliente.

He hablado de este tema de las preguntas poderosas en otro post de mi blog. Me gustó del planteamiento de la PNL la reafirmación de la importancia de hacer buenas preguntas ya que estas son las que definitivamente mueven al coachee a quedarse mudo, silencioso, "metido para adentro" buscando nuevas conexiones y nuevos significados.

Uno de los últimos capítulos del libro se refiere a las creencias. Estas son las normas de la vida, las reglas según las cuales se vive. Pueden ser liberadoras y potenciadoras pero también pueden ser obstáculos que hagan imposibles los objetivos o lleven a pensar en incapacidad de lograrlos. Las creencias no tienen que ver solo con lo que la persona dice, sino que con su "teoría de la acción" lo que hace a partir de sus creencias o dicho de otro modo, para ver lo que una persona cree es mejor mirar lo que hace.

Las creencias se pueden elegir y se pueden cambiar. Lo difícil de aquello es que muchas veces hemos invertido mucho en nuestras creencias por lo que renunciar a ellas tiene un fuerte costo en seguridad y certidumbre. Hay muchas creencias potenciadoras. Otras son limitantes. Algunas de estas:

"Tengo que trabajar muy duro para ganar mucho dinero y poder vivir".

"Sin sufrimiento no hay beneficio".

"Para ser feliz tengo que ser rico"

"El éxito requiere tiempo"

"No puedo fiarme de nadie"

"La mayoría de la gente tiene más surte que yo"

"No hay forma de superar un mal comienzo en la vida"

"No puedo vivir sin ese trabajo"

"No puedo ganar sin que otros pierdan"

"Nunca consigo lo que quiero"

"Los otros son mejores que yo"

"El coaching es difícil"

"No soy una persona flexible"

"No me merezco tener éxito"

"No puedo lograr lo que deseo".

Dice O`Connor que el primer paso para cambiar creencias es cambiar el lenguaje, de manera que la creencia se exprese de otra manera, por lo que puede animarse a usar palabras como: "de momento no se cómo...", "no creo que sepa cómo....", "todavía no soy capaz de...", "en el pasado nunca he sido...", todas formulaciones que abren la posibilidad de tener otras creencias menos limitantes.

Me pareció encontrar aquí una muy bonita cercanía con el coaching ontológico, el que se centra muchas veces más en el "observador" que la mera conducta, pues cuando cambia el "observador" se abren nuevas posibilidades de acción. En lenguaje PNL se trataría de cambiar creencias. También veo una importante cercanía con la importancia que le otorga al lenguaje. En el coaching ontológico se diría contar con nuevas distinciones, hacer nuevos juicios, construir nuevas narrativas.

Finalmente, el autor se refiere a la rueda de las perspectivas, la que permite introducir mayor flexibilidad y, precisamente mayor perspectiva en el ámbito de las relaciones. Se le pide al coachee que hable desde la primera posición, es decir, su punto de vista. Luego se le pide que hable desde la segunda posición, que se cambie de lugar y hable como la otra persona. Finalmente se le pide que se ponga a mitad de camino entre las posiciones primera y segunda, adoptando la tercera posición, haciéndose coaching a sí mismo, qué ve en esta relación, en qué están de acuerdo las dos personas, donde está el conflicto, qué consejo le daría a la persona de la primera posición.

Hace unas semanas atrás en un coaching ejecutivo que estoy haciendo le solicité a mi coachee quien tiene un conflicto importante con otra persona que escribiera la biografía de la otra persona en primera persona. Escribió varias páginas con lo que sabe de la otra persona. Luego al conversar me sorprendió grata y positivamente la empatía que mostraba hacia el punto de vista de la otra persona y como ello le otorgó más perspectiva y prudencia en la relación.

Fuentes y referencias:

1.- Bandler, Richard y Grinder, John (1980). "La estructura de la magia 1". Santiago de Chile, Cuatro Vientos Editorial.

2.- O´Connor, Joseph y Lages, Andrea (2005). "Coaching con PNL". Barcelona. Ediciones Urano.

10

Del enfoque sistémico al Coaching Sistémico

Por Lidia Gallegos Santos. Psicólogo con Grado de Licenciado en Psicología, Ingeniero de ejecución en Administración de Empresas. Diplomada en Programación Neurolingüística; Magister Psicología Sistémica Constructivista; Certificada en: Entrenamiento internacional en consultoría e intervención sistémica en empresas y organizaciones; en DIC (Desbloqueando Inmunidad al Cambio); como analista PDA; en Metodología CEFE; como Focusing Trainer, y Certificada en Coaching Ontológico. Miembro activo a la Asociación Gremial "Mujeres líderes de Tarapacá, mujeres NonStop". Socia Partner en Interconecta2 S.A, y miembro activo de Esphera Sistémica. También participa como miembro colaborativo en ICF (International Coaching Federation).

Un gran desafío acepté desde el momento en que Carlos Díaz Lastreto me invito a ser parte de su libro; gran persona, amigo y profesional, experto en coaching, a quién agradezco permitirme escribir este capítulo. En la medida que iba avanzando en este escrito, surgieron los recuerdo de cómo este enfoque fue haciendo sentido en mi devenir profesional y personal.

Siempre me ha acompañado la inquietud por adquirir nuevos conocimientos y llevarlo a la práctica a través de la experiencia, que favorezcan y aporten valor en las diversas áreas donde me relaciono, sobretodo en la profesional. He incursionado en distintas disciplinas y diversos enfoques. En el año 2003 me certifique como Coach ontológico en la escuela de Newfield Network, posteriormente tome otras certificaciones desde otros enfoques en el área del coaching, todos con muchos aportes para el desarrollo y mejoramiento del ser humano, no fue hasta en año 2012 que conocí algo más del enfoque sistémico, ya que ese año entré a estudiar un Magíster en Psicología Clínica con enfoque sistémico constructivista y tuve la gran suerte de tener a un docente y maestro que guió mis pasos en esta línea, Mauro Fantin Oneto, una persona ecléctica quién era capaz de integrar diversas cosmovisiones en sus enseñanzas, daba su visión de la sistémica, y diseñó una ficha que facilitaba los pasos en la intervención clínica.

Recuerdo que llamó mi atención la ficha, sobretodo la parte que refería al "Contexto psicológico relacional donde se creó el conflicto" ese espacio de la ficha, invitaba a hacer un viaje en el tiempo de la persona, donde se pesquisaba aquella dinámica relacional inserta en un contexto, ya sea familiar, educacional, laboral u otro, desde donde se gestó una manera de percibir esas vivencias vistas como un conflicto, perpetuándose como un patrón o guion de vida, que muchas veces interfiere o bloquea de forma no consciente en las relaciones de la vida cotidiana. Fue allí que me cautivó esta perspectiva; busque integrar esta visión sistémica con mirada más bien clínica a los procesos del coaching, y en ese camino encontré personas que me fueron guiando en mi búsqueda. Agradecida estoy de mis amigos, Juan José Irigoyen y Rodrigo Avalos Plaza, quienes trajeron una formación a Chile con grandes exponentes de la mirada sistémica, tales como, Stephan Knierim Robl de *Inteligencia Sistémica Sowelu*, México; Juan Londoño de *Talentum*, España; Julio Principe Portocarrero de *Congruencia SAC*, Perú; y Guillermo Echegaray de *Geiser*, Uruguay; a la vez tuve la suerte de asistir a un seminario en Lima, Perú, y conocer a Jan Jacob Stam de *Bert Hellinger Instituut*, Nederland; quién es Trainer y uno de los principales exponentes del Coaching sistémico en Holanda.

De todos ellos tomo sus enseñanzas, estas páginas contiene aquello que he recibido y aprendido de estos grandes maestros. Lo que sigue en este capítulo, es una recopilación de conceptos de la deriva del Coaching Sistémico, expongo alguna experiencia vista en intervenciones y algunas conclusiones propias de los aprendizajes adquiridos en las distintas formaciones, espero pueda ser de vuestro interés y aclaración de este enfoque.

Mirada de la deriva del enfoque sistémico al proceso del coaching

La perspectiva sistémica ofrece al proceso del coaching una manera distinta de pensar y de abordar los temas del cliente. Entrega una visión más amplia de las interacciones de la persona con sus temas que están insertos dentro de un contexto atemporal; permite al coach situarse y comprender los temas del cliente, a su vez, le permite al cliente manifestar la imagen interna que tiene de él y su tema y así proyectar la dinámica vivenciada como conflicto. Le permite situarse desde otra perspectiva, y así lograr un mejor lugar.

Echegaray en su libro, *Las Constelaciones organizacionales* (2), dice que, abrirse a la visión sistémica implica un salto de nivel. Porque cuando tratamos de ver la realidad sistémicamente ya no se piensa tanto en clave de recursos, cualidades o dinámicas individuales; ni tampoco en cómo esas cualidades se actualizan en la relación con otros. Ya no vemos tanto individuos sino hilos, redes, conexiones, contextos.

Aquí las preguntas son otras, ¿Para qué puede ser solución este problema?, pregunta que me desafía como coach a mirar desde otras perspectivas el problema, a dar una mirada más amplia indagando en las conexiones hecha por el cliente.

Echegaray (1), dice que aprender a trabajar sistémicamente significa escuchar bien un problema y entender las razones de que esté allí; aquello que nos quiere mostrar. Si un problema está ahí, es que tiene algo por develar, hay ciertas claves escondidas en él que, si no es escuchada, volverá a surgir por otro lado.

Recuerdo haber realizado esta pregunta a un equipo de una empresa, los cuales referían tener un problema relacional entre los equipos de trabajo, culpando al lugar físico donde trabajaban, decían que por la división de este espacio tenían problemas de comunicación, por lo que la solución para ellos era cambiarse a un lugar de una sola planta. Luego de profundizar en la pregunta ¿para qué puede ser solución este problema que presentan?, se pudo develar que los problemas de comunicación y del espacio físico mostraba conexiones conflictivas relacionales más profundas; entonces preguntar ¿qué está pasando aquí?, permite entrar a esas conexiones, emergiendo de lo más profundo las claves a atender. Y de esta manera se pudo intervenir a través de herramientas del enfoque sistémico.

En conclusión, se llegó específicamente a la verdadera situación que tensaba a los equipos de trabajo, las cuales habían adquirido como nombre "Mala comunicación y espacio físico no adecuado". Con este ejemplo, he querido graficar que muchas veces el nombre que se le pone al problema no es, sino, que muestra algo más profundo que hay que develar. Los resultados para el equipo fueron valiosos, descubrieron que el problema descrito no era la causa, de esta manera se hicieron más consciente, bajando el nivel de tensión e incorporando una relación más viable para su vida cotidiana en el área laboral.

¿Qué es el Coaching Sistémico?

Si bien la perspectiva del coaching es la misma, es cuando le agregamos los apellidos que se diferencian, en este caso "sistémico" le da un enfoque distintivo y allí se diferencia en el "cómo" y "qué" se aborda del tema con el cliente o los equipos durante su proceso, allí se definen los focos. En este sentido lo fundamental es entender que el cliente es una persona que está en relación con otras personas, con otros sistemas; que sus acciones, sentir y conductas se manifiestan como productos de patrones relacionales adquiridos y que influyen en la dinámica que pasa dentro de cada sistema, por tanto, tener una mirada de contexto donde está inserto, su asunto o tema, su objetivo; es la manera de pensar y abordar los procesos.

Jacob & Schreuder (3), experto en Coaching Sistémico lo define así: "Es en esencia, el arte y la ciencia del trabajo con el cliente, o con un equipo, para encontrar la dinámica oculta del sistema del que forma parte el cliente y hacerlo más viable. Es también el arte de dejar que la inteligencia natural sistémica vuelva a fluir libremente. De manera que el coach no solo ayuda al cliente a encontrar un espacio para la solución de un tema, sino que también ayuda al cliente a basarse en una fuente natural, una fuente de sabiduría sistémica que puede haber estado inaccesible con las prisas de la vida diaria y las presiones externas"

Desde esta perspectiva, el arte de hacer preguntas en Coaching Sistémico, es llevar al cliente a las áreas cruciales de su sistema, puede ser su sistema familiar, el sistema de la unidad familiar actual, el de las relaciones actuales o del pasado, el de los sistemas relacionados con su trabajo, su educación o su carrera profesional, puede ser la relación con su sistema externo y también con su sistema interno. "Las dinámicas de su sistema interior, frecuentemente se reflejan en el exterior".

Hay una aseveración hecha por Jacob & Schereuder (3) sobre el criterio de una buena sesión de coaching, que me parece interesante exponer, basa su éxito en relación al mejor funcionamiento del cliente. Refiere también al criterio de éxito del Coaching Sistémico, dice que "es la medida en la que el sistema entero, del que forma parte el cliente, funcione mejor.

Lo anterior me hace reforzar, la idea que siempre estamos en relación con otros sistemas, que nos hace estar o sentir en un mejor o peor funcionamiento, en forma personal y del sistema entero.

Recuerdo un ejercicio realizado durante una Masterclass que asistí, donde tomé consciencia de la cantidad de sistemas que pertenecemos y estamos relacionados: la instrucción era, <<toma tu celular y recorre los últimos tres días y cuenta tus sistemas en Whatsapp en recibidos>>, por ejemplo, mamá, un cliente, tu pareja, tus amigos, club de deportivo, etc.... ¿cuántos sistemas has contado?, te darás cuenta que interactúas con muchos sistemas durante el día y también cada interacción tiene un modo de relacionarte, hay una dinámica implícita en ella. ¿Qué información te llega en este ejercicio?, ¿de qué te das cuenta?

¿Que implica trabajar con los sistemas?, implica saber que:

- Vivimos en sistemas y continuamente estamos entrando y saliendo de los mismos.
- Cada sistema tiene sus propias leyes y estas actúan ya sea que conozcamos sus leyes internas o no. Y si las conocemos podremos ser más eficaces al entrar, interactuar y salir de los sistemas
- Se apoya en la percepción global, y no en los detalles.

- Cualquier acción nuestra o de otros repercute en los demás.
- Pertenecemos a multitud de sistemas simultáneamente.
- Un sistema es un conjunto de elementos interconectados y sus interacciones tienen efectos entre sí.
- Se concentra en las interacciones entre los elementos, une en vez de aislar al elemento
- Cada elemento cumple su función para el resto del sistema.
- Tienden a buscar el equilibrio (homeostasis).
- Cada parte soporta una tensión para contribuir al equilibrio.

El Coaching sistémico, toma principios y leyes sistémicas

Jacob & Schreuder (3), nombra cuatro principios, que están presente sine qua non, en el proceso de Coaching Sistémico y en la mirada del coach:

- Se trabaja con los sistemas.
- La observación es fenomenológica, también llamada observación sistémica. Este principio hace la distinción entre lo analítico y fenomenológico, (mi explicación personal: en lo analítico partimos focalizado con una verdad que queremos comprobar, y eso nos permite predecir, en lo fenomenológico, no partimos con un foco a comprobar, sino que aceptamos esa realidad tal como se presente y esa es la verdad para ese sistema, nos abrimos a lo que emerja en ese momento.)
- El cambio empieza por reconocer al mundo tal y como es. (explicación personal: pensamos el cambio sobre una base que olvida reconocer el origen, lo que está siendo y es, porque debería ser distinto, hay algo que

debiera anular lo anterior, sin embargo, no reconocer es sacar la base y construir sobre aire lo que se quiere cambiar.)

■ Los problemas son la solución. (Explicación personal: los problemas son una oportunidad de indagar en aquello que llamamos problemas desde una perspectiva más amplia, nos conectamos con el sistema mayor del cliente, desde donde viene, y así encontrar las claves para mirarlos desde otra perspectiva, para moverse a una mejor posición de bienestar)

¿Cuáles son las leyes sistémicas a través del cual opera el Coaching Sistémico?

Hay tres leyes que aplican a cualquier sistema ya sea, familiar, organizacional, social, etc.:

1. **Derecho a la Pertenencia:** El ser humano necesita pertenecer a un sistema. Por diseño si un ser humano no pertenece a un sistema se marchita y puede morir y cuando se suelta de un sistema, rapidamente se integra a otro. Todo el mundo tiene derecho a pertenecer a un sistema, o dicho de otra manera, nadie tiene derecho a excluir a nadie de un sistema. En una organización sana, todos se sienten incluidos.

2. **Orden**: Jabob & Schreuder (3), "ocupar un sitio" un padre que no es capaz de ocupar el sitio de padre, un líder que no es capaz de ocupar el sitio de líder, el cliente ¿cuanto sitio ocupa en nuestro sistema?, es aquí donde el orden se hace importante, primero ocupar nuestro sitio dice Jacob, y después actuar desde ese sitio. Personalmente, me ha tocado ver en consultoría de empresa que, cuando se actúa de un sitio distinto a que corresponde se tensa todo el

sistema, recuerdo me tocó una vez atender a una clienta que su sitio era del rol supervisora y actuaba desde el rol de gerente, afectando a todo el sistema y el suyo propio también.

3. **Equilibrio**: Al pensar en este principio se viene la imagen de la balanza de justicia, en la que debe existir una armonía para estar equilibrada de ambos lados. Por equilibrio sistémico entendemos el balance entre lo que se toma y lo que se da (entrega) al sistema, ya sea en el ámbito laboral o personal. Si hay un sentimiento de desequilibrio o injusticia, ya sea porque siento o pienso que estoy dando más al sistema, y recibiendo menos, se produce un desequilibrio que llega a romper el sistema relacional.

Hay tres leyes específicas que se suman y aplican solo a las organizaciones:

Ley de reconocimiento: Si una persona va al sistema por algo y aporta a la vez algo, dependiendo de ese aporte debe ser reconocido. Por ejemplo, si alguien hace algo que hace crecer al sistema diferenciándolo del resto, esta persona también tiene que recoger algo distinto, y no necesariamente dinero, entonces se vuelve un circuito dinámico que no para entre dar y recibir. En un sistema sano, todos los miembros y se sienten reconocidos por lo que son.

La ley de la aceptación: Cuando uno llega a un sistema la ley dice que con lo que me encuentro es perfecto y a partir de allí construyo y avanzo.

Ley de jerarquía: Las personas al ir incorporándose a una organización o empresa, entran en la dinámica de jerarquía por "orden", o sea, existe una jerarquía en el orden de llegada de sus miembros, esto también es para el sistema familiar, esto dará una cierta dinámica relacional dependiendo de que si es reconocido o no este orden.

En el comienzo de este capítulo mencioné la ficha creada por Fantín Oneto, para hacer intervención clínica sistémica, en esa ficha habían pasos a seguir que le daban. Desde esta perspectiva me parece importante mostrar los pasos que propone Jacob & Schreuder (3) para el proceso del Coaching Sistémico, que personalmente sigo y me ha dado muchos resultados.

1. ¿Qué sistema?: Detectar con que sistemas vamos a trabajar, sistema que trae el cliente. ¿cuántos sistemas están implicados?
2. ¿Qué relaciones?: Aquí es para obtener claridad sobre la posición del cliente, las relaciones de las personas implicadas en consulta y también averiguar cómo se relacionan los sistemas entre ellos.
3. ¿Qué patrones y que dinámicas? Importante es reconocer los patrones relacionados con la consulta que tiene el cliente, y cuál ha sido su dinámica de relacionarse a partir de esta. Habitualmente resulta ser la solución.
4. Las intervenciones: El principal objetivo de las intervenciones sistémicas es proporcionar al cliente la oportunidad de tener otra perspectiva, y ocupar otro lugar en el sistema. Personalmente las técnicas sistémicas que más ocupo en procesos de coaching son el lenguaje de las imágenes y la representación del sistema, mediante las constelaciones organizacionales y configuraciones sistémicas.

Como resumen de este capítulo, el enfoque sistémico es la base para el Coaching Sistémico; permite llegar a lo más profundo de cada sistema, sus principios y sus leyes, mirar al sistema como un todo integrado y llegar a las claves que guarda el conflicto. Existen técnicas de intervención que tienen como objetivo ampliar la perspectiva del cliente para comprender sus temas, aumentar su creatividad para identificar nuevas posiciones y opciones de solución y desarrollar habilidades y recursos personales para conseguir sus objetivos.

Fuentes y referencias:

1.- Guillermo Echegaray (2017, 2018. "Empresas con alma, empresas con futuro". Ediciones Pirámides. Madrid, España.

2.- Guillermo Echegaray (2008, 2017). "Las Constelaciones organizacionales". Verbo Divino Ediciones. Madrid, España.

3.- Jan Jacob Stam & Bibi Schreuder (2017). "Systemisch Coachen". Systemic Books Publishin. Edición Juan Londoño, España.

11

Coaching como estrategia de autorregulación a través de la fijación de metas

Por Tatiana Soto López. Psicóloga Universidad de Chile, Magister en Educación mención Política y Gestión Educacional Universidad La República, Especialista en Capacitación y Desarrollo de Recursos Humanos Universidad de Santiago de Chile, Especialista en procesos de enseñanza y aprendizaje en Adultos, Fellow LASPAU-Harvard University (Boston, Massachusset). Psicoterapeuta Cognitiva Post Racionalista y Coach Sistémico Estratégico CAPSIS.

Cuando mi amigo, colega, compañero de universidad y de tesis y obviamente coach experto Carlos Díaz Lastreto me llamó por mi cumpleaños me hizo un regalo especial: me pidió que escribiera un artículo (o debo decir éste artículo) sobre coaching.

Al hacerlo hizo una acción clave en el proceso de coaching, fijo una meta. Cuando acepté y negociamos las condiciones, características, plazos del encargo, nuestra conversación desencadenó una serie de acciones, acuerdos, promesas que hacen posible que hoy ustedes (o debo decir tú) lean este artículo. Porque el coach al definir o co-construir colaborativamente con el coachee la meta del proceso de coaching en y desde el lenguaje, gatilla las bases del proceso de auto-regulación de la conducta en varios niveles activando las funciones ejecutivas del coachee. Sobre esta relación intrínseca entre funciones ejecutivas superiores, autorregulación y coaching te invito a reflexionar a través de este texto.

A diferencia del tránsito que Carlos describe en la introducción sobre su propio camino en el mundo del coaching, mi viaje hacia el coaching tomó otras vías y en su devenir fue poblándome de explicaciones y teorías distintas que hoy quiero compartir con ustedes. Como psicóloga me intriga la relación entre los procesos de cambio y de aprendizaje en todos los niveles desde lo filogenético a lo ontogenético y sus aplicaciones prácticas. Curiosa por naturaleza leo de todo, todo lo que se relacione y vincule entre sí aprendizaje y cambio, sin vergüenza ni respeto por las líneas y fronteras teóricas inventadas por las distintas ciencias y disciplinas (que nos limitan y dividen), me sumerjo en todo lo que me ayude a acompañar mejor a las personas que confían en mí. Por eso, me interesa desde la genética, la epigenética, la física, la exploración de exoplanetas y neurociencias hasta los microprocesos implicados en el aprendizaje a nivel de neurotransmisores y mi trabajo como profesora universitaria me permite tener el tiempo para hacerlo y la audiencia para sostener conversaciones e hipótesis alocadas. Cuando el año 2017 decidí tomar un entrenamiento como Coach, todos estos aportes confluyeron y se organizaron en torno al proceso de coaching.

En primer lugar cuando se fija una meta, se determina la naturaleza de la relación entre coach y coachee. Muchas investigaciones proponen, que más allá de lo obvio, la ausencia de objetivos claros y medibles afecta negativamente las posibilidades de concreción del proceso de cambio sea cual sea el contexto. Es una acuerdo teórico que los objetivos determinarán en las medidas, acciones y conductas que el sujeto despliegue en su medio ambiente. Para Beyebach (1) la *Pregunta del Milagro*, permite generar una descripción detallada de las metas del consultante, proporcionando dirección al trabajo y también indicadores para el proceso.

Beyebach propone ciertas características para las metas, tales como: relevantes es decir tener importancia para el propio consultante, pequeños, descritas en términos conductuales y concretos, en su contexto interaccional, alcanzables. Deben estar descritos o formulados en positivo impliquen la presencia y/o inicio de algo más que la pérdida o fin de algo.

Es decir, pone al centro el futuro en reemplazo del pasado, cosa no menor en una sociedad obsesionada en los por qué y que no se hace cargo de los cómo, cuándo, dónde, con quién y para qué, qué se gana y quién gana eliminando el contexto como elemento obvio de análisis

En segundo lugar, obliga al coachee (y por tanto al coach) a determinar con precisión cuál es el propósito de las acciones conjuntas que como socios en la gestión del cambio van a emprender. Se salta constructos como características personales, la personalidad y las miradas patologizantes atribuibles a ambos o cualquiera de los miembros de esta dupla. Es decir, nos alinea y hace la relación viable orientándola hacia el futuro y especificando el contexto. Nuestra sociedad disfruta las descripciones elaboradas y platónicas de la conducta de sus miembros, idealmente en pasado, dándoles un carácter de inamovibles y con la consecuencia liberadora de no hacerse cargo del futuro, evitando cualquier espacio de oportunidad para cambiarlo.

Por el contrario, la formulación de metas, con su mirada funcionalista aristotélica, se posiciona desde la otra vereda: la de las relaciones, la del contexto y al poner la mirada en la solución del problema, se vale de la meta para que el coachee determine lo que desea lograr evitando centrarse en lo que no se desea. Es decir, propone una conducta de reemplazo o un nuevo repertorio conductual y de interacciones que vendrá a dinamizar el desempeño del coachee, cambiando los patrones de relación consigo mismo y el entorno.

Desde el paradigma de la autorregulación, derivado de la llamada metacognición, que se hizo cargo de fusionar los hallazgos de la neurociencia con los procesos de aprendizaje humano a través de una serie de conceptos, donde destaca la idea de las funciones ejecutivas, la relación con el proceso de coaching es evidente. Como dirían los teóricos de la metacognición, lo que nunca debemos olvidar es la meta, pues en ella descansa la posibilidad del autoconocimiento y por tanto de la autorregulación. Ya Flavel, autor clásico cognitivista, nos señalaba que al plantearse una meta el aprendiz (es decir, el que se modifica y al hacerlo modifica su ambiente), aumentará el conocimiento de sí mismo, de la tarea y del propio proceso de aprender.

Desde los aportes de la neurociencia, las funciones ejecutivas sin tener una definición univoca, buscan   integrar las funciones cognitivas de menor complejidad en desempeños a mi parecer propios del proceso de coaching. Las funciones ejecutivas se orientan a explicar y potenciar la autonomía, es decir, las personas deben ser capaces de controlar, coordinar, planificar, abordar la solución de situaciones novedosas y sin respuestas obvias; formular objetivos, definir estrategias, ejecutar sus planes y reconocer sus logros o la falta de ellos implicando también los aspectos emocionales como la motivación y las emociones.

Ya en los años 80 del siglo XX, Block y Kopp, consideraban la autorregulación como la capacidad de los individuos para modificar su conducta en virtud de las demandas de situaciones especificas. Para Rosario (2), la autorregulación es un proceso activo donde los que aprenden construyen las metas que dirigen su aprendizaje, monitoreando y controlando las cogniciones, motivaciones y comportamientos con el objetivo de alcanzar estas metas. En la idea base del concepto de autorregulación yace el supuesto de que las personas son agentes activos en su propio proceso vital.

Asume la posibilidad que a través de diversos mecanismos aumentaremos la autonomía, efectividad y flexibilidad de las personas en su entorno. O como lo plantea el acrónimo IDEAL, muy usado en rehabilitación cognitiva I: identificar; D: Definir; A: Aplicar y L: ver el logro. En palabras simples, el coachee debe desarrollar sus funciones ejecutivas a través del ciclo recursivo de planificar, ejecutar y evaluar en torno a una meta y lo hace con el acompañamiento experto del coach.

Si viajamos por el mundo de la psicoterapia, De Shazer (3) en 1988, a través de técnicas como la pregunta del milagro, operacionaliza la fijación de metas como centro del proceso de la terapia centrada en soluciones, ya que solo pensar en un estado futuro y positivo representado en una meta, destraba la mirada. De Shazer, citado por Echegaray (2008, pág.162), propone la PM como una estructura básica de trabajo que se puede aplicar a diferentes contextos, mencionando explícitamente los no específicamente terapéuticos. Como estrategia está orientada a movilizar recursos y potencialidades infrautilizados o no convenientemente usados por el sistema cliente. Beyeback (3) el año 2008, propone que la pregunta del milagro implica un doble proceso de utilización y encauzamiento del lenguaje, ya que al darle nombre y sacar el problema de la persona se produce una externalización del problema y, por tanto, una nueva mirada. Declara adicionalmente que es posible utilizarla no solo en contextos clínicos (pág.143)

Una frase frecuente al inicio del proceso de coaching es la declaración del coachee que se encuentra estancado, detenido o paralizado viviendo el mismo problema una y otra vez (el día de la marmota). Al formular la pregunta del milagro o usar cualquier intervención que nos permita "futurizar" y fijar una meta, ampliamos la mirada temporal y del contexto abriendo un espacio de posibilidades y soluciones factibles, creando una retroalimentación positiva que genera un espacio potencial que nace de la meta en sí misma y que no existiría sin ella. Esto alinea nuestra conducta y enfoca nuestras funciones ejecutivas aumentando la autorregulación del coachee, potenciando su flexibilidad y autonomía.

En resumen, sin meta no hay autoconocimiento. Sin meta no hay autorregulación posible.

Cuando Carlos generosamente me invita a escribir estas páginas, me regala un intangible que me potencia y me moviliza, de la misma manera que cada coach lo hace con los procesos de coaching en su trabajo cotidiano.

Fuentes y referencias:

1.- Beyebach, M. (2008). 24 ideas para una psicoterapia breve (2a. ed.). Retrieved from https://ebookcentral.proquest.com

2.- Rosario, P; Fuentes, S; Beuchat, M; Ramaciotti, A (2016). Autorregulación del aprendizaje en una clase de universidad: un enfoque de infusión curricular. Revista de Investigación educativa, 34(1), 31-49.

3.- Echegaray, I. G. (2008). Para comprender: las constelaciones organizacionales. Recuperado de https://ebookcentral.proquest.com el 8 de Diciembre del 2017.

Capítulo III
PRÁCTICAS

12

Andrés Pucheu. *"Coaching para la efectividad organizacional"*. *Modelos, técnicas y ejemplos de aplicación*

Mi alumno Carlos Parada me sugirió revisar este libro de Andrés Pucheu (1) y ha sido un buen descubrimiento. Si dejo de lado un cierto "dejo psicoanalítico" en varios de sus planteamientos tiene muy buenas distinciones, presenta el campo del coaching en organizaciones y, de un modo serio y académico, propone reflexiones sobre el contexto del coaching, sobre el coaching desde el punto de vista del cliente – coach y organización, sobre orientaciones teóricas, sobre técnicas, sobre situaciones habituales y sobre situaciones en las que es necesario derivar a otros profesionales.

Previo a iniciar la presentación de las diversas temáticas, plantea que el coaching es un campo que se encuentra en pleno desarrollo, que no hay requisitos formales para ejercerlo y además no se encuentra regulado razón por la cual se pueden cometer muchos errores, llamando a la prudencia de quienes lo ejercen.

No puedo estar más de acuerdo con Andrés en este planteamiento inicial, a cada rato nos informamos de personas que han hecho algún curso sencillo, de algunos días, cursos genéricos, y ya se declaran coaches ejecutivos, sin explicitar al cliente su efectiva preparación. Además, también sabemos de personas que si bien pueden haberse formado como coaches pero carecen de la más mínima formación en el ámbito organizacional, careciendo de distinciones en el campo y actuando con una gran ceguera.

Por eso Pucheu señala, de entrada, que para desempeñarse como coach en el ámbito de organizaciones un coach debiera formarse en cinco ámbitos: comprensión del entorno del mercado y la manera en que funcionan las empresas, comprender los roles, desafíos y modelos de acción requeridos en las posiciones claves, aplicar modelos y técnicas de ayuda, desarrollar capacidad para discriminar lo que puede y no puede hacer y, finalmente, cultivar integridad profesional.

Esta última es de gran importancia, pues la integridad profesional indica, no sólo a un coach, sino que a cualquier profesional, la importancia de operar en relación a la efectiva competencia, de declarar conflictos de interés cuando ellos ocurren, de continuar formándose permanentemente y, sobre todo, de actuar en pro del beneficio de nuestros clientes. Ello implica, además a mi entender, la importancia de pedir ayuda en casos más difíciles y de estar conectados en redes de formación y aprendizaje permanente.

Me parece pertinente el libro cuando afirma que "precisamente porque el coaching se ha hecho crecientemente popular, sustituyendo a diversas intervenciones en capacitación, clima, desarrollo de capacidades o ajustes en cultura organizacional, es que sigue siendo un ámbito de acción difuso y en el que no está muy claro que es lo que se busca o cómo se debiera poder evaluar su calidad" (pág. 28). Por ello, clarifica los niveles de intervención organizacional y discute como cabe en ellos el coaching.

A juicio del autor estos niveles de intervención organizacional serían (pág. 28):

	Nivel		
	6	Problema organizacional.	La planificación central es inadecuada, generando conflictos debido a un diseño organizacional incompleto o disfuncional.
	5	Problema en el diseño de un proceso o función staff	Los procesos de generación de información no son confiables, los sujetos debe responder a imprevistos sin los recursos adecuados.
No cumple con un compromiso, por ejemplo, la entrega de un informe.	4	Problemas de coordinación inter unidad	Existen problemas de coordinación en la cadena de valor, de modo que no cumplió porque no le cumplen.
	3	Problemas en el carácter del sujeto	No le importan los problemas causados al cliente o jefe, así como el daño a su imagen.
	2	Problemas al nivel de la capacidad individual	No cuenta con información adecuada respecto a su capacidad de respuesta y asumió un compromiso que no podía cumplir.
	1	Error corregible por acuerdo.	Error en la comunicación. No comprendió una fecha.

El coaching como intervención podría situarse en el nivel 2 y 3 según el autor, el que admite que pueden existir variaciones como el coaching de equipos que se puede situar en el nivel 4. Creo que también se puede trabajar en el nivel 1 para efectos que el coachee cuide las relaciones que implican un error en la comunicación con otras personas. Me parece que las intervenciones a nivel 5 y 6 podrían considerarse "coach organizacional" o intervenciones de desarrollo organizacional.

Un coach debe ser muy cuidadoso en interpretar en qué nivel se sitúan los "dolores organizacionales" de sus clientes, de modo de no responsabilizarlo por algo que está situado en otro lado y terminar haciendo un juego de poder de responsabilizar a alguien por algo que está fuera de su alcance completamente.

Otro aspecto interesante que trata el libro es el proceso del coaching desde el cliente. En este punto reflexiona el autor acerca de las posibles características iniciales del cliente. Entre ellas destaca:

(1) Cree que lo que piensa es un reflejo correcto de la realidad y que por lo tanto las demás opiniones y puntos de vista son innecesarios o errados.
(2) No es capaz de pensar sobre las diferencias entre sus modelos mentales y la realidad, por lo que experimenta una creciente ansiedad al advertir los desajustes.
(3) No ha tenido modelos o experiencias que le permitan generar estrategias adecuadas a los desafíos que enfrenta.
(4) No cuenta con las competencias necesarias para implementar los planes de acción que es necesario implementar.

(5) Cree que debe mantener lealtades o comportamientos adecuados a condiciones distintas que las que experimenta.

(6) Ha deteriorado las confianzas y afectos que le permitirían recibir apoyo.

(7) Ha construido una representación fantasiosa de sí mismo y los demás, lo que lo lleva a alterar el significado de los comportamientos de los otros, erotizando, agrediendo o evitando incluso al coach.

Comentar cada uno de estos en particular tomaría bastante tiempo, sin embargo, parece ser la característica inicial de cualquier proceso de coaching, advertir que el coachee se encuentra en algún desajuste entre sus creencias, capacidades, ideas y los desafíos de los que le corresponde hacerse cargo. En algunos casos este desajuste puede ser muy significativo, en otros puede ser menor. Por ello, al inicio de cualquier coaching es esencial discutir con el cliente sobre estos déficits y plantearse en un rol de ayuda, apoyo y recurso para acompañarlo en su desarrollo. En ello la confianza en la relación establecida es fundamental.

El autor se enfoca luego en el coaching desde el coach, para lo cual trae a colación a Gerard Egan, quien desarrolla lo que se conoce como el "modelo básico de ayuda", aplicable a cualquier psicoterapia y al coaching mismo. Dice Egan que la ayuda tiene tres etapas:

(1) Clarificación o re conceptualización del problema, el cliente debe dedicarse a expresar y analizar sus percepciones y afectos, de tal modo que pueda identificar los elementos en los que debe intervenir. Para esto se debe facilitar la exploración y apoyar en el manejo de los afectos.

(2) Se orienta a la identificación de metas, donde se establecen sus metas y estrategias adecuadas para alcanzarlas.

(3) Se implementan los planes de acción y se apoya al cliente a entender desafíos y fortalecer sus capacidades.

En este modelo debe entenderse que el "ayudador" no sólo está resolviendo un problema específico sino que traspasando las competencias para enfrentar los problemas que puedan no ser previsibles en el momento actual. Esto último me parece especialmente interesante a los efectos del coaching, ayudamos al cliente a resolver un problema a cierto nivel, a otro, lo acompañamos a "cambiar su observador" y, por lo tanto, desarrollar nuevas competencias, nuevas prácticas, nuevos modos de verse a sí mismo, que le hagan más fácil en el futuro hacerse cargo de la dificultad que lo trajo al coaching.

El autor describe las distintas orientaciones teóricas en coaching, realizando una clasificación entre enfoques conductuales, sistémicos, psicodinámicos, humanistas y transpersonales. Aquí "queda al debe", ya que cada modelo da para muchos capítulos y la profundidad con los que los aborda es muy baja a mi entender.

Finalmente, describe las principales técnicas del coaching, donde describe: escucha, énfasis o marcación, preguntas, reflejo, retroalimentación y confrontación, interpretación, contar anécdotas o historias, modelaje y ensayo, uso de instrumentos para guía y práctica, asignación de tareas.

Queda "al debe" según mi parecer, ya que mezcla distintas técnicas, de distinta complejidad y de distinto impacto en el coachee.

El libro concluye con una presentación de situaciones habituales y casos prácticos de análisis.

Como dije al principio, me parece un esfuerzo serio y académico de "ordenar" el mundo del coaching en organizaciones, generando un marco o "rayado de cancha" de esta disciplina emergente, presentando modelos, autores y enfoques de manera sistémica para comprender el campo. Todos los coaches que trabajan en este campo debieran tenerla en su escritorio.

Obras como estas son bienvenidas, ya que confirman la seriedad de este campo, que más allá de la moda que pueda tener, emerge como una oportunidad para que personas, equipos y organizaciones contribuyan mejor a sus logros y de ese modo, a toda la sociedad.

Fuentes y referencias:

1.- Pucheu, Andrés (2016). "Coaching para la efectividad organizacional". Santiago de Chile. Editorial edicionesuc.cl

13

Coaching Organizacional

Vivimos en una época organizacional donde la mayor parte de los problemas se resuelven por la vía de diseñar organizaciones que se hagan cargo de dichos problemas. Existen muchas definiciones de organización, las que se concentran en la estrategia, la estructura, los procesos, la cultura, las personas y otras variables.

Ya Edgard Schein (1) planteaba hace años que una organización es la coordinación planificada de las actividades de un grupo de personas para procurar el logro de un objetivo o propósito explícito y común, a través de la división del trabajo y funciones y a través de una jerarquía de autoridad y responsabilidad.

En el planteamiento de Schein se destaca la noción de logro o propósito, así como la división del trabajo y la jerarquía. Es importante la noción de coordinación planificada, ya que en la esencia de la organización está la idea que una persona por sí sola no puede lograr objetivos y requiere asociarse con otros para lograr dichos propósitos. ¿Cómo se lleva a cabo esta coordinación?

En relación a esta pregunta Fernando Flores propone, con mucha brillantez, a partir de sus aprendizajes con los teóricos de los actos de habla que las organizaciones son redes conversacionales recurrentes, cambiando la definición, el paradigma organizacional y las intervenciones que hoy llamamos Coaching Organizacional.

Flores propone en su libro *Inventando la empresa del siglo XXI* (2) que "una empresa es una organización que se compromete a cumplir un tipo de pedidos particulares mientras hace frente a circunstancias imprevisibles y se empeña por mantener abiertas las posibilidades para el futuro". "Una empresa puede sobrevivir solo en la medida en que puede contraer compromisos y cumplir con ellos, para lo cual, a su vez, toma compromisos relativos a los recursos que requiere para cumplir con los compromisos contraídos". "Al satisfacer los compromisos de la empresa, el personal está involucrado en una red de conversaciones, esta red incluye peticiones y promesas para llevar a cabo los compromisos..." "Como las empresas se encuentran con muchos pedidos que ellas pueden manejar estableciendo compromisos con condiciones de satisfacción que son básicamente similares". "Estos compromisos pueden ser satisfechos con la activación de redes de conversaciones recurrentes... estas redes de conversaciones recurrentes constituyen el núcleo de la organización... podemos analizar estas conversaciones a objeto de rediseñarlas en sí mismas y también los sistemas de comunicación que las apoyan..." "El análisis de las redes conversacionales puede revelar puntos susceptibles de fallas comunicativas, lazos conversacionales tortuosos e innecesariamente indirectos, atrasos críticos, cuellos de botella y otras deseconomías...".

La perspectiva propuesta originalmente por Flores es muy utilizada en la actualidad y a nadie le resulta extraño plantear que las organizaciones tienen que ver con las redes de conversaciones, que son estas las que producen las estrategias, la estructura, la cultura y los procesos. Desde la perspectiva de Flores entonces se podría sostener que al realizar coaching organizacional es necesario revisar las acciones lingüísticas (declaraciones) que dan lugar a la estrategia, a la estructura, a los procesos y a la cultura, dado que estas acciones generan compromisos que la organización busca cumplir. También será fundamental la declaración de quiebre, es decir, cuando se señala que las acciones no consiguen aquello que se buscaba, generando por lo tanto nuevas acciones orientadas a cumplir lo propuesto.

Por su parte Virgilio y Vera (3) señalan que una organización es un sistema de interacciones entre personas para producir ciertos resultados. Es decir, existe una secuencia sistémica que puede graficarse como acción genera resultado y resultado genera acción al aplicar un principio de retroalimentación.

Este modelo se puede complejizar un poco más (esta es la aportación original de Chris Argirys), quien sostiene que un observador es quien realiza una acción que lleva a un resultado, estableciéndose retroalimentaciones entre el resultado y la acción y entre la acción y el observador. La acción no surge de la nada, sino que surge de un observador que cuenta con un paradigma, una interpretación que lo lleva a comportarse de cierta manera y producir ciertos resultados. Un observador puede ser una persona individual, sin embargo lo que importa aquí es que puede ser una organización.

Lo anterior se puede graficar en el clásico modelo Observador – Acción – Resultado propuesto originalmente por Chris Argyris.

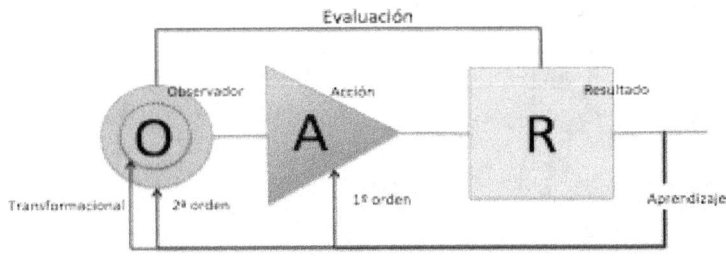

El Coaching Organizacional tendrá lugar entonces en el nivel de los resultados, en el nivel de la acción y en el nivel del observador y el cliente de este coaching no será un individuo en particular (como lo es el coaching ejecutivo u otros coaching individuales) sino que la propia organización (o sus ejecutivos).

Los resultados

Los resultados son juicios que hace un observador acerca del cumplimiento de determinados objetivos planteados previamente. Los resultados, expresados como indicadores de gestión están a la vista de los ejecutivos de una empresa y otros interesados como guía permanente para juzgar si la gestión se está realizando del modo esperado o no.

Tradicionalmente desde la perspectiva estratégica toda organización declara una misión, visión, valores que dan sentido a su quehacer. Desde la perspectiva del Coaching Organizacional se puede preguntar qué declaraciones de este tipo realiza una organización, qué espacio de posibilidad le abren y cómo se traducen luego esas declaraciones en las prácticas concretas de trabajo y en los indicadores de resultados observables.

Por otro lado, cuando una organización no logra los resultados propuestos, qué declaraciones de quiebre abre que generen conversaciones acerca de cuáles son las interpretaciones que se tienen del mercado, de los clientes, de la organización interna, de los productos, de la innovación, etc, de manera de cambiar las acciones para cambiar esos resultados.

Muchas organizaciones caen en la contradicción de conseguir resultados insatisfactorios o contradictorios con su misión declarada y seguir haciendo exactamente lo mismo, con la esperanza que cambien sus resultados.

La acción

La acción fundamental de una organización es la acción conversacional, lo que ya planteaba Flores en sus trabajos iniciales, promesas que se le hacen al cliente y promesas que se hacen las personas respecto de acciones a realizar, en el marco de ciertos estándares de satisfacción. Lo que hoy, de algún modo, se llama gestión de procesos.

Lo que se hace en el Coaching Organizacional a nivel de la acción entonces es mapear y revisar los compromisos hechos con clientes externos e internos, para producir los resultados prometidos a estos. Una vez hecho este mapa diseñar o rediseñar las conversaciones necesarias para producir dichos resultados.

Lo más habitual es que no existe impecabilidad en las promesas efectuadas, no haya definición clara de quien o quienes realizan la acción, malas definiciones de estándares de satisfacción o falta de tiempo preciso en que se cumplirán las promesas. Intervenciones en todos estos elementos, los que Flores llama originalmente ciclo de la coordinación de acción, generan enormes impactos en la efectividad organizacional.

El observador

Toda acción es realizada por alguien o un conjunto de personas que han desarrollado un "tipo de observador", una manera compartida de interpretar el mundo. Muchas veces esta interpretación "queda chica" o queda en entredicho con el cambio de circunstancias.

En un Coaching Organizacional, se conduce un proceso en que la organización y sus directivos descubren aquellos juicios, percepciones o creencias que limitan su accionar y los identifican como elementos que pueden ser cambiados. Toda interpretación es limitada y su valor no tiene que ver con la verdad sino que con la utilidad en abrir nuevas posibilidades. Al cambiar las interpretaciones se hacen posibles otras acciones que generan otros resultados.

Desde la jerga organizacional el concepto de "observador" podría hacerse equivalente a cultura. Schein en su libro *La cultura empresarial y el liderazgo* (4) propone que la cultura es "un conjunto de presunciones básicas (inventadas, descubiertas o desarrolladas por un grupo dado al ir aprendiendo a enfrentarse con sus problemas de adaptación externa e integración interna) que hayan ejercido la siguiente influencia como para ser consideradas válidas y, en consecuencia, ser enseñadas a los nuevos miembros como el modo correcto de percibir, pensar y sentir esos problemas, las cuales operan inconscientemente y definen, en tanto que interpretación básica, la visión que la empresa tiene de sí misma y de su entorno".

Dicho en jerga ontológica, las presunciones básicas de Schein son "juicios maestros" desde los que se observa el mundo. Los juicios maestros compartidos por un grupo se viven como verdades acerca de la realidad, por lo que es difícil verlos como meras opiniones o interpretaciones del mundo y por lo tanto, observarlos como algo relativo, que puede cambiar.

Desde la perspectiva del Coaching Organizacional, el trabajo consiste entonces en "hacer visible lo invisible", mostrando la cultura como lo que es, un marco interpretativo construido en las conversaciones de la organización, que puede ser relativizado y visto como lo que es, un aprendizaje.

El cambio cultural no puede ser impuesto desde la cúspide, es una evolución en las creencias de aquellos que componen la organización. Tiene gran relación con el liderazgo, como inspirador de nuevas visiones, como una práctica de generación de tensión, de manera de desafiar las creencias y las prácticas. Ya lo dice Heifetz (5) cuando habla de las prácticas de liderazgo adaptativo, como el trabajo de los líderes es precisamente generar tensión para modificar las prioridades, creencias, hábitos y las lealtades de las personas. Avanzar requiere ir más allá de cualquier conocimiento experto, para propiciar el descubrimiento, el abandono de algunos hábitos enquistados, tolerar pérdidas y generar nueva capacidad para seguir prosperando.

Me llama la atención cómo se habla indistintamente de Coaching Empresarial, de Coaching con Organizaciones, de Coaching de Negocios y muchas otras formulaciones, las que muchas veces sólo son prácticas de capacitación o de consultoría de procesos, válidas, pero distintas del Coaching Organizacional, que como he señalado mira las organizaciones como redes de conversaciones y utiliza una mirada observador – acción – resultado, ya no de un modo individual sino que de un modo colectivo.

Recuerdo a Ivonne Hidalgo (6) coach venezolana, con quien participé en varios cursos, quien planteaba que muchas veces los coaches ontológicos se dedican a aprender Ontología del lenguaje para luego hacer clases del tema en empresas o se dedican a la formación de coaches sin hacer la conexión con la acción y los resultados. Eso definitivamente no es Coaching Organizacional.

Los coaches organizacionales, por medio de preguntas, interactúan con las organizaciones ayudándoles a mirar cinco aspectos según Ivonne:

a) **Dominio de "la Realidad"**, entendida como el espacio que percibimos, el mundo que nos rodea, percibido a partir de los sentidos y del espacio cultural que habitamos. En relación al Coaching Organizacional, la pregunta va a ser ¿cuáles son los datos? Ya que si la organización no maneja datos va a estar desorientada. Desde la perspectiva ontológica las herramientas son las afirmaciones y la habilidad de hacer afirmaciones verdaderas y comprobables.

b) **Dominio de la posibilidad:** Uno se puede preguntar, ¿Cómo podemos ser efectivos si no decimos lo que es posible?, ¿Cómo ser efectivos si no sabemos lo que queremos y a dónde vamos? Un trabajo de coaching interesante entonces es trabajar las declaraciones de posibilidad, a la vez que le podemos mostrar a la organización cuales son las consecuencias que surgen al cancelar posibilidades (resignación). Las conversaciones con las organizaciones entonces serán "conversaciones de posibilidad. A veces están hechos todos los diagnósticos y los análisis, pero falta declarar lo posible, falta declarar el quiebre entre el diagnóstico y el futuro deseado. De alguna manera este es el espacio que abre las conversaciones a los sueños y a las opciones. La acción lingüística necesaria son las declaraciones válidas y los juicios fundados.

c) **Dominio de la gestión de resultados**: Este es el dominio de la acción ya que la acción es lo que va a transformar lo que existe hoy para que sea lo que puede ser. Aquí aparecen los actos de coordinación que son los que efectivamente cambian la realidad. El trabajo del coach en una organización se puede quedar mucho rato en este tema, ¿cómo aparece la falta de coordinación?, ¿cómo la gente sabe que las cosas no van a pasar?, ¿cómo dice que si queriendo decir que no? y muchas otras conversaciones posibles. A su vez, trabajar sobre procesos, encadenando peticiones y respuestas recurrentes. Las acciones ontológicas en este dominio son las peticiones, ofertas y promesas y la habilidad central es hacer promesas, cumplirlas y hacer que nos las cumplan.

d) **Dominio de la relación**: El mundo organizacional es un mundo de relaciones, no actuamos solos, interactuamos con otros seres humanos, observadores como nosotros. Tanto la red de relaciones como su calidad constituyen un capital valioso, capital relacional. El dominio relacional tiene relación con la declaración de quiebres y con la habilidad conversacional. En la declaración de quiebres está la posibilidad de abrir conversaciones. El dominio emocional está en el espacio de la relación, revisar en qué estados de ánimo se encuentra la organización y a partir de allí que posibilidades emergen.

e) **Dominio del aprendizaje**: A juicio de Ivonne Hidalgo, este es el tema más grande del coaching. Los coaches trabajamos en las organizaciones para acompañarlas en gestionar el aprendizaje. El aprendizaje es posible cuando declaramos que no sabemos y hacemos juicios que podemos aprender, nombrando a alguien un "maestro". En el ámbito organizacional se requiere mucho aprendizaje, cada vez más y el trabajo del coach tiene que ver con facilitar ese desarrollo de nuevas competencias, sobre todo en los ejecutivos.

Buen desafío el Coaching Organizacional, acompañar a las organizaciones en sus procesos de aprendizaje, de modo que consigan de mejor modo sus resultados, siendo capaces en el camino de transformarse continuamente.

Notas y referencias:

1.- Schein, Edgar (1982). "Psicología de la organización". México. Prentice – Hall.

2.- Flores, Fernando (1989). "Inventando la empresa del siglo XXI". Santiago de Chile, Hachette.

3.- Virgilio, Verónica y Vera, Juan. "Coaching organizacional: un modelo de intervención para el cambio". En https://es.scribd.com/document/95021255/Cuaderno-de-Texto-Coaching-Oganizacional

4.- Schein, Edgard (1988). "Liderazgo y la cultura empresarial". España. Plaza & Janes.

5.- Heifetz, Ronald. (2012). "La práctica del liderazgo adaptativo". Buenos Aires. Paidós Empresa.

6.- Hidalgo, Ivonne (2009). "Gestión ontológica". Venezuela. Mil Palabras Servicios Editoriales.

14

Coaching Ejecutivo

Cuando estudié Coaching Ontológico aprendí un formato que podía ser aplicado a personas que tuvieran cualquier "quiebre". Luego he ido aprendiendo la distinción entre "Coaching de Vida", "Coaching Ejecutivo", "Coaching de Equipos" y "Coaching Organizacional", distinciones donde el coachee es distinto y donde sus inquietudes, preocupaciones o lo que quiere lograr también son diferentes.

Creo que para quienes nos hemos formado en el modelo ontológico esta distinción no es especialmente clara y siempre me llama la atención que muchos coaches ontológicos, al no distinguir el coaching ejecutivo como práctica, en contextos organizacionales, se enfocan en quiebres que no tienen que ver con el mundo ejecutivo, se olvidan de la importancia de los resultados para un directivo y no visualizan que sus honorarios los paga la empresa y no el coachee por lo que administran, en ocasiones, a mi juicio, muy mal el potencial conflicto de intereses que allí se puede presentar.

Sigo pensando que el modelo ontológico es muy poderoso y la intuición ontológica, "vivimos en mundos interpretativos" la madre de todas las distinciones, y que el cambio profundo, generador de mayor efectividad, no se da sólo en los comportamiento sino que en el observador, que al mirar un mundo distinto puede hacer otras acciones que antes no hacía. Sin embargo, estas ideas es necesario ajustarlas al mundo organizacional y desarrollar una interpretación de la empresa que, en mi opinión, muchos coaches no tienen, ya sea porque no han trabajado en una organización (no tienen la experiencia organizacional), ya sea porque no tienen distinciones organizacionales (estructura, estrategia, procesos, cultura, clima) y entonces operan desde un sentido común que, en mi opinión, a veces es muy peligroso e ingenuo (además de arrogante).

¿En qué mundo interpretativo vive un ejecutivo en una organización?, ¿cómo esas interpretaciones le abren posibilidades y qué posibilidades le cierran?, ¿cuáles son las historias que se cuentan los directivos?, ¿cómo interpretamos una organización?, ¿cómo hacemos alianza con la organización y con los ejecutivos para hacer un trabajo efectivo como coaches?, ¿cuál es el mundo emocional de los ejecutivos?, ¿cómo el coaching accede a ese mundo emocional?, ¿qué se entiende por trabajo efectivo, a nivel del coachee, del jefe del coachee, de los clientes internos del coachee, del ejecutivo de recursos humanos que nos contrata y del gerente general?. ¿Qué diferencia tiene nuestra aproximación como coaches al acercamiento que hace cualquier consultor gerencial? Estas son preguntas que me hago y que la formación básica como coach ontológico no responde, preguntas que cada vez me parecen más relevantes al trabajar como coach ejecutivo en organizaciones públicas o privadas.

El Coaching Ejecutivo se enfoca en un tipo de cliente en particular, personas que se desempeñan en contextos organizacionales y tienen desafíos producto de su desempeño en la organización por lo que los temas a trabajar estarán estrictamente ligados a su efectividad en el cargo que ocupan. Según Francisco Yuste (1), en el Coaching Ejecutivo suele ser la empresa en la mayoría de las ocasiones el cliente por lo que quien establece la meta a conseguir es la propia empresa o puede haber conflicto de intereses entre el objetivo que quiere conseguir la empresa y el objetivo del propio coachee. Los conflictos de interés son habituales en el coaching ejecutivo, ya que el interés de quien nos contrata no siempre coincide con el del coachee con el que luego trabajamos. Y es central tener un criterio para hacerse cargo de este conflicto.

No creo que el criterio sea privilegiar al coachee cuando no es el que paga el coaching, pues podríamos terminar trabajando para que se vaya de la organización, pagados por la organización, sin que la empresa lo sepa. Y, al revés, privilegiar a la organización, que paga nuestros honorarios, podría ser excusa para manipular al coachee para que se ajuste a algo que no quiere, no valida o no le conviene. En estos casos, probablemente sea mejor que si los intereses no coinciden precisamente el coaching deba orientarse a que esas conversaciones tengan lugar entre el coachee y su jefatura y hablen de resultados, relaciones, buscando nuevos acuerdos.

La mayor parte de los coachees en el caso del Coaching Ejecutivo son personas que ocupan posiciones directivas o de jefatura, ya sea a niveles más estratégicos o a niveles más operativos, lo que de alguna manera diferenciará los temas a trabajar y los desafíos a abordar. Posiblemente desafíos estratégicos en la alta dirección, desafíos políticos y operacionales en la línea media.

Según Henry Mintzberg (2) las organizaciones se encuentran conformadas por varios componentes. Dos resultan de interés para el coaching ejecutivo: la alta dirección o ápice estratégico y la línea media.

Alta dirección: Se encuentra compuesta por un pequeño grupo de personas que dirigen la organización, realizan diseño estratégico, consiguen recursos, vigilan el entorno. Se lo llevan en reuniones y toman mucho café. Su tema es "la estrategia".

Línea media: Estas son las personas que hacen de enlace entre la alta dirección y las personas que operan, que realizan el trabajo de cara al cliente. Se encargan de "bajar" la estrategia a la operación y de "subir" la retroalimentación de la operación hacia la gerencia. Tienen una crisis permanente de lealtad ya que ambas partes, quienes operan (sus subordinados) y a quienes reportan (sus jefes) les piden que los sigan. Y, por otro lado, siempre corren el riesgo de distorsionar los mensajes que suben o que bajan. Por esta razón sus principales temas son la política (nadie puede tener dos señores porque amará a uno y odiará al otro) y la operación.

Es interesante destacar este punto, pues producto de su ubicación en la estructura organizacional, los asuntos que les preocupan como para requerir un coaching son de orden laboral y no personal. Es cierto que pueden ser temas personales, pero en el contexto de su desempeño en la organización por lo que el coach ejecutivo debe mantener siempre este foco y si "se mueve" hacia los temas más personales saber que está en otra cosa, lo que a veces puede suponer terminar el Coaching Ejecutivo.

En este contexto, Laura Bicondoa (3) hace una distinción bien interesante entre "coaching por obligación" y "coaching por elección", el primero cuando el ejecutivo tiene que asistir al coaching porque otra persona lo decidió, a veces casi como la última oportunidad para mejorar el desempeño antes de ser despedido y, la segunda, como una posibilidad que ofrece la organización a quienes quieren o necesitan desarrollarse, proveyéndolos de recursos para ese objetivo.

Me gustó la distinción anterior, pues establece dos contextos diferentes para la acción del coach ejecutivo. El primero requerirá una conversación del coachee con su jefe para recibir retroalimentación clara y directa de sus dificultades de desempeño que ameritan coaching y una conversación entre el coach y el cliente para clarificar expectativas ya que probablemente hay casos en que se espera que el coach haga magia y, si no la hace, actúe de chivo expiatorio y en definitiva la persona sea desvinculada porque el coach no hizo su trabajo y no por déficits de desempeños atribuibles al propio coachee o a decisiones tomadas por otros. En el segundo caso es un contexto bastante más ideal cuando se trata de personas de alto potencial, de personas motivadas por su carrera, de clientes que tienen planes de desarrollo.

En esto del contexto me parece una buena práctica acordar las "reglas del juego" del Coaching Ejecutivo, diferenciándolas de las normas. Las primeras explicitas y las segundas generalmente asumidas de manera tácita sin conversaciones. La importancia de aclarar las reglas que rigen la relación de coaching es fundamental para que no hayan malos entendidos y quede a todo el mundo claro que esperar del coaching.

Por ello, en el Coaching Ejecutivo se suele utilizar un contrato o acuerdo de coaching, en el que se especifica quienes son los contratantes, además del coach y del coachee, el jefe del coachee. Yo he desarrollado un modelo donde indico qué es el Coaching Ejecutivo, cuántas sesiones dura, cuánto dura cada sesión, qué no es el coaching (terapia, atención médica, etc) y los objetivos a trabajar durante el proceso. Se le pide al coachee que tenga una conversación con su jefe donde acuerde los objetivos y ambos firmen el acuerdo. Esta es una buena práctica que genera una explicitación de expectativas y un alineamiento coach –

coachee – jefe. De acuerdo a mi aprendizaje se contratan 6 u 8 sesiones, una por semana al principio y, a veces, las últimas quincenales.

En el Coaching Ejecutivo, además de coach y coachee siempre hay otros clientes que no están presentes en la sesión de coaching pero que tienen una presencia importante en el proceso y participan activamente de este. Se trata del jefe del coachee y del jefe de recursos humanos. El primero tiene intereses claros en que la persona que participa del coaching logre objetivos – resultados – metas que estén alineadas con el área que dirige y por ello debe involucrarse en el establecimiento de los objetivos que el coachee va a procurar alcanzar con el coaching. El segundo, que suele ser el que contrata y que paga por el servicio, quiere saber qué está pasando con el coachee y por ello requiere informes del proceso, del avance, de la motivación, etc.

En los procesos de Coaching Ejecutivo debe explicitarse que informes se entregarán a la empresa que paga por el proceso, de modo que el coachee no sea sorprendido por algún comentario que uno haga de él. De hecho, en el contrato de coaching debe acordarse de que la reserva se rompe cuando el coachee amenaza con cualquier acción que dañe a su empleador o cuando explicita que va a renunciar o se encuentra buscando trabajo. También que todo lo relacionado con los objetivos del coaching, conocidos por el coachee y su jefe, serán comunicados a la empresa. Yo agrego que cuando se hable de temas personales de la vida personal o de la historia, eso no se le informa a la empresa y lo declaramos reservado.

Esta distinción también la encontré muy importante ya que a diferencia del Coaching de Vida, que no hay que rendirle mucha cuenta a nadie, en el Coaching Ejecutivo hay que incorporar a la conversación al jefe, pidiéndola al coachee que vaya a conversar con él y negocien algunas metas que quiere alcanzar y, en el caso del jefe de recursos humanos, debe realzarse algún tipo de reportes que sin ofender la debida reserva y confidencialidad le permita a este cliente saber que el proceso avanza y que avanza bien.

Como en todo coaching, el Coaching Ejecutivo se nutre de las buenas preguntas, de preguntas movilizadoras, ¿qué quieres lograr?, ¿qué quieres trabajar?, ¿qué metas quieres alcanzar?, ¿qué recursos te han servido para llegar acá?, ¿qué competencias requieres potenciar? Además se le dan tareas al coachee para que pueda probar nuevas prácticas, tales como tener una conversación con alguien en particular, observar algo en especial. Recuerdo por ejemplo, haber trabajado con un gerente de ventas que tenía muy buenos resultados comerciales pero grandes dificultades de clima organizacional con su equipo, haberle pedido que se reuniera con algunos colaboradores y les preguntara qué necesitaban de él, sólo escuchando las respuestas sin comentarios posteriores. Gran sorpresa cuando vuelve a la sesión y me indica algo así como "qué importante es escuchar a la gente".

Esto me gusta, preguntar por recursos, por oportunidades, por desafíos, por nuevas acciones. Todo ello lleva al coachee a empoderarse, a recuperar poder, a ver posibilidades que no veía con anterioridad cambiando el estado de ánimo en que se mueve. A diferencia de la capacitación o de la consultoría que es más directiva y donde se le dice al cliente que hacer, en el Coaching Ejecutivo, por la vía de hacer preguntas y proponer tareas se lo mueve a clarificar, a buscar desafíos, a mirar de otra manera.

"El futuro no lo determina el pasado", siempre cabe la posibilidad de efectuar cambios y cultivar nuevas prácticas.

Mirar el pasado con cariño pero alejarnos de las explicaciones tranquilizantes en que culpamos al pasado de algo y vivimos con resignación el presente. El Coaching Ejecutivo se orienta al futuro, no al pasado y buscar desafiar al coachee a mirar su futuro en busca de nuevas posibilidades, trayendo al presente recursos que le permitan construir ese futuro de posibilidades.

Fuentes y referencias:

1.- Yuste, Francisco (2014). "Herramientas de Coaching Ejecutivo". Bilbao. Editorial Desclee de Brouwer.

2.- Mintzberg, Henry (1993). "El proceso estratégico". México. Prentice Hall.

3.- http://www.liderarte.com.mx

15

Coaching de Equipos

Escuché hablar por primera vez del Coaching de Equipos, de Alain Cardon y su libro *Coaching de Equipos* (1) cuando hice el programa de formación en Coaching Ejecutivo con Laura Bicondoa, quien hablaba de polaridad y circularidad. Hace un tiempo me llegó el libro y me parece que hay algunos planteamientos interesantes a considerar.

Diferencia coaching individual de coaching de equipos. Señala que un enfoque individual del desarrollo profesional puede manifestarse inapropiado cuando se trata de desarrollar el trabajo en equipo, entre otras cosas porque el acompañamiento, el desarrollo de las eficiencias individuales y la resolución de problemas interpersonales no preparan lo suficiente en las competencias necesarias para garantizar un avance del grupo o el desarrollo de las eficiencias colectivas.

Es interesante esta distinción, pues muchos Life coach o Coach ejecutivos extrapolan los principios de un coaching individual cuando trabajan con equipos. Sin embargo el coaching de equipos requiere otra aproximación, otros objetivos y, evidentemente, coaching de equipos no es la sumatoria de procesos de coaching individual.

Dice Cardon, "la finalidad del Coaching de Equipo es acompañar el desarrollo del rendimiento colectivo de un equipo, de forma lógica y mesurada, para que el resultado operacional del conjunto supere ampliamente el potencial de la suma de las partes". De esta definición se siguen varias ideas, entre ellas:

a) El rol del coach es de acompañar. El coach no es el líder del equipo, ni quien toma decisiones por ellos, ni quien asume responsabilidades propias de los miembros del equipo. Es un facilitador que al mirar desde sus propias distinciones puede ayudarle al equipo en sus procesos.

b) El objetivo tiene que ver con el rendimiento colectivo de un equipo. No deben perderse de vista los resultados y metas que el equipo debe alcanzar, estos son propios del negocio en el que se desenvuelve el equipo de trabajo. Si bien el coach no es un experto en el "negocio" tiene que colaborar para que a este, sea cual sea le vaya bien o mejor.

c) Para conseguir los propósitos anteriores, el coach se enfoca en las relaciones entre los integrantes del equipo, no en uno de ellos en particular, esperando se produzcan sinergias propias del desarrollo de esas relaciones.

A juicio de Cardon, el Coach de equipos, más que acompañar a una persona o participar en una serie de relaciones de individuo a individuo en un entorno colectivo, será más efectivo cuando más considere el equipo como una entidad global, coherente, como un cuerpo "social" cuyos miembros forman parte integrante de un conjunto interactivo y sistémico. Estoy en parte de acuerdo con ello. Sin embargo, creo que debe destacarse la figura del líder de equipo, con quien el coach debe hacer una fuerte alianza, a fin de impulsar junto a él el desarrollo del equipo. Creo que ello puede implicar conversaciones particulares con el líder, donde este también aprenda a mirar a su equipo y a provocar interacciones que los hagan desarrollarse a todos.

Cardon desarrolla un modelo para que un coach pueda observar a un equipo. A esto le llama "Gestión del espacio – tiempo". Previo al análisis señala que debe evaluarse el compromiso de los miembros del equipo en estas dimensiones, compromiso que se puede medir con:

i) **La puntualidad.** La capacidad de llegar a la hora y de entregar un trabajo a tiempo y en el plazo establecido. Las personas que tienen dificultades con este compromiso llegarán tarde a las reuniones y tampoco respetarán plazos, provocando la frustración de los otros miembros que si respetan horarios y plazos.

ii) **La presencia.** La capacidad de permanecer concentrado en una reunión, evitando las conversaciones telefónicas, las salidas inapropiadas, las discusiones de "grupo chico" o cualquier forma de interrupción.

Además de estos, señala que se deben considerar otras dimensiones para hablar de compromiso. Entre ellas:

iii) **La confidencialidad**, la capacidad de mantener a nivel interno todo lo que se dice en el seno del grupo, así como los recursos que le pertenecen.

iv) **La proactividad**, la capacidad de actuar de forma apropiada e inmediata a fin de mejorar los resultados, cualquiera sea el campo de intervención y las competencias de una persona o del equipo.

v) **La confrontación**, es la capacidad de formular la desaprobación de forma positiva y resolutiva frente al comportamiento inadaptado de uno de los miembros o del conjunto del equipo, a fin de elevar el nivel de eficacia.

vi) **La asiduidad**. Se refiere a la capacidad de durar o sobrevivir en el tiempo. Se trata de la perseverancia en el desarrollo de los comportamientos profesionales apropiados.

Todos estos compromisos se pueden observar en un equipo y establecer reglas respecto de los mismos, de modo que no haya obviedad en su entendimiento y "malos entendidos" que reduzcan la efectividad del mismo. Me gusta una distinción que escuché que dicen que es de Fernando Flores entre normas y reglas. Las normas son acuerdos tácitos, en cambio las reglas son acuerdos explícitos. Creo que estos compromisos debieran establecerse como reglas en un equipo, para garantizar su buen desempeño.

En relación al modelo de Cardon, "Gestión del espacio – tiempo", el coach tiene que situarse en el aquí y ahora para acompañar al equipo. Uno de los lugares privilegiados donde se realiza el Coaching de Equipos es en las reuniones. Esta es una instancia donde el coach puede observar estas dimensiones de espacio – tiempo para ayudar al equipo a tomar conciencia de su "ser" y su "hacer".

Respecto del aquí, se trata de la gestión de sus interacciones en su espacio, su territorio, su geografía. Se trata de la dimensión estratégica y política de la geografía del equipo. Para ello habrá que hacerse algunas preguntas, dice Cardon:

¿Quién se sienta al lado de quien y enfrente de quién?

¿Cuáles son los subgrupos compuestos por miembros en proximidad inmediata?

¿Quién suele situarse cerca del líder?

¿Cuáles son los espacios o "rupturas" en la geografía del grupo?

¿Quién se sienta delante y quien al fondo de la sala?

¿Quién cambia de sitio regularmente y quien conserva el mismo?

¿Quién se coloca en los extremos?

¿Quién se queda fuera del círculo y quien se sitúa al centro?

Estas preguntas son sólo incitaciones a observar el uso del espacio que hacen los miembros del equipo y no hay que sacar conclusiones demasiado apresuradas, son hipótesis a confirmar luego de una observación rigurosa.

Respecto del ahora, se trata de la gestión del tiempo, de los ritmos y las cadencias del trabajo en equipo, se trata de la gestión de los plazos, de los tiempos de los proyectos. Al observar una reunión es conveniente observar la adecuación entre "lo que se dice" y "lo que se hace" en la utilización del tiempo colectivo y también es conveniente poner de manifiesta las incoherencias observadas.

Para tratar el tema del tiempo en el equipo hay un principio central, según Cardón, el principio de la "imparcialidad" en la gestión del tiempo del coach de equipo en su relación con cada uno de los miembros del sistema. Ello implicará dedicarle a cada uno tiempos equivalentes y no privilegiar a ninguno por sobre los demás.

El autor plantea otras herramientas a utilizar, como observar la asignación del tiempo en las reuniones, el uso efectivo del tiempo en las reuniones, los desbordamientos, el ritmo de las intervenciones, el seguimiento de las reuniones, etc.

Cardon plantea que la "circularidad" es de alguna forma la mejor manera de lograr que la energía entre los miembros de un equipo se integre mejor, por lo que todas las intervenciones en el espacio y en el tiempo deben tener como propósito la generación de dicha circularidad, evitando la polaridad. Esta última implica "modelos repetitivos de comunicación que consisten en excluir una parte de los miembros del equipo" en beneficio de una posición dominante, individual o de varios".

Señala Cardon que esta es una aproximación energética al coaching de equipo. Por ello la circularidad permite un enfoque más sistémico, que tiene en cuenta la fluidez de las relaciones en el seno del sistema. No se trata de "mirar el contenido de las interacciones" sino que los patrones y los procesos.

Por lo anterior, por ejemplo la "triangulación" será una práctica recomendable, la que consiste en abrir vías de comunicación invitando a una tercera o una cuarta persona a tomar parte en una interacción cuando se ha producido una "polarización" de las conversaciones. Otras herramientas serán la "rotación" en los papeles adoptados por los miembros del equipo, cambiar a las personas de lugar durante una reunión, cambiar los lugares de reunión y otras acciones muy simples que "destraben" la energía y produzcan circulación de la misma.

Propone varias maneras de mirar la polaridad, las que asocia a las culturas dominantes: institucional, tecnocrática, relacional. Ello abre otra manera interesante de mirar el coaching de equipos, al pensarlos como representantes de culturas, que integran la energía de otra manera.

En diciembre del año 2018 me correspondió realizar un curso de Coaching de equipos en Santiago de Chile con la Escuela Europea de Coaching (2), curso a cargo de Luis Carchak. Luego de las presentaciones iniciales el relator introdujo el concepto de equipo, el que define como "un conjunto de personas con un objetivo, que se han puesto de acuerdo en cómo ponerse de acuerdo cuando no están de acuerdo". Si bien la definición parece juego de palabras hay dos elementos importantes a destacar en el mismo.

1 El objetivo. Un equipo se define a partir de su objetivo y, consistente con el enfoque sistémico, todo lo demás se subordina a ese objetivo. Es importante tener ello claro, pues el objetivo organiza la manera como se coordina el equipo para alcanzarlo y ello requiere optimizar para el objetivo, no para ninguna de las partes, por importantes que cualquiera de ellas sea.

2 Ponerse de acuerdo. Los integrantes de un equipo se dedican a conversar para conseguir sus objetivos. Ello es coherente con el enfoque conversacional propio del modelo ontológico, sobre todo como lo mira Fernando Flores. Lo importante no es sólo esa conversación sino que una metaconversación, donde hay un acuerdo respecto de cómo tratar el desacuerdo. Ello es central, ya que dicha aproximación permite darle sustentabilidad al equipo, entre otras cosas, cuando "las cosas se ponen difíciles" y "sube la temperatura emocional".

El Coaching de Equipos se encarga entonces de acompañar a un equipo para conseguir sus objetivos conversando sobre como conversan, en particular, para ponerse de acuerdo cuando no están de acuerdo. Es una aproximación muy distinta del coaching individual, ya que el cliente del coaching de equipos es el equipo y no es ningún miembro particular, ni siquiera el líder. Para ello hay que acostumbrarse a mirar equipos y no individuos.

Este aprendizaje tiene mucho de artesanal, lo que a mi entender implica que se aprende haciendo, practicando y luego reflexionando sobre el hacer mismo. Las herramientas con que cuenta un coach son las distinciones que puede utilizar para acercarse el equipo, interactuando con él de manera conversacional, realizando al menos tres acciones: preguntas, entrenamiento en algún tema particular y "la cocina", que vendría siendo una conversación al final de la conversación del equipo donde se les hacen algunas preguntas sobre cómo conversaron y se les invita a "completar" aquello que haya quedado abierto.

Uno de los temas que más interesantes me pareció del curso es que, para lograr acuerdos respecto de cómo ponerse de acuerdo cuando no están de acuerdo es el tema "reglas", algo ya comentado previamente. Una regla es un acuerdo que toma el equipo respecto de cómo proceder. Se trata de reglas explícitas, acordadas, negociadas, las que tienen que ser simples y de fácil verificación. Cuando no hay reglas cada uno hace lo que por sentido común u obviedad considera correcto o adecuado. Cuando hay reglas hay espacio para coordinarse mejor y para abrir conversaciones, sobre todo, cuando no se cumplen las reglas.

Pienso en muchos equipos en y con los que he trabajado y recuerdo la enorme cantidad de juegos de poder, donde al no haber reglas explícitas, dan espacio para la queja, para tiranía o simplemente para equívocos reiterados. Sobre todo por la imposibilidad de reclamar y hacerse cargo de los compromisos adquiridos.

El otro tema interesante para lograr acuerdos cuando no hay acuerdos es la importancia de realizar reuniones y contar con roles claros. Al respecto los relatores sugieren la existencia de cuatro roles además del líder formal. Ellos son: moderador, optimizador de tiempos, encargado de llevar registro (Todo) y catalizador de decisiones. No tiene por qué el líder formal llevar a cabo todas estas tareas, puede "delegarlas" en otros y observar cómo el equipo conversa, recordando continuamente el objetivo o propósito. Dice reiteradamente Luis Carchack, uno de los relatores, que cuando el equipo usa los roles va el doble de rápido que si no los usa y que el líder puede mirar más lejos y más alto, con lo cual lleva al equipo a propósitos "más grandes".

Fuentes y referencias:

1.- Cardon, Alain (2000). "Coaching de Equipos". Barcelona. Ediciones Gestión.

2.- Escuela Europea de Coaching. Ver https://www.escuelacoaching.com/

El coaching es puro cuento

16

La nueva carrera del Coaching de Carrera

Por Ignacio Hurtado. Psicólogo de la Universidad de Chile. Diplomado en Desarrollo Estratégico de Personas y Organizaciones. Maestro Reiki. Instructor de Mindfulness. Actualmente relator de programas de autocuidado y habilidades blandas. Realiza Coaching Apreciativo y Life Coaching a personas y equipos organizacionales. Terapeuta de sanación cuántica, ángeles, hooponopono y EFT Tapping.

En invierno de 2018 mientras realizaba una sesión de coaching con un ejecutivo de una empresa de venta de servicios intangibles, mi coachee me anunció que había sido promovido a una nueva posición con mayores niveles de responsabilidad, pero también muy atractiva desde el punto de vista de las compensaciones asociadas. Sorprendentemente, no estaba feliz con el anuncio, si no que se sentía inseguro y compungido. Le pedí entonces que ahondara en este estado. Me dijo que no era miedo al fracaso, ni falta de preparación, ni nada por el estilo. De hecho, creía que las funciones del nuevo cargo estaban prácticamente del todo a su alcance, correspondían al paso lógico bajo la perspectiva de la empresa, pero veía que tomar este ofrecimiento implicaba seguir en un espiral de exigencia, involucrando mayor nivel de entrega y compromiso personal. Me explicó que se sentía culpable de que a sus 38 años recibiera esta designación que muchos otros ansiaban, pero que para él representaba perder grados de libertad, específicamente al limitar su tiempo personal e indirectamente, arriesgar su calidad de vida. Su petición al cerrar aquella sesión fue "ayúdame a renunciar a esta posibilidad sin que sea mal percibida por el directorio".

Los tiempos han cambiado y la velocidad con que los hechos se suceden ha vuelto las vidas de las personas en verdaderos torbellinos. No es extraño oír un reclamo generalizado por el escaso tiempo que disponemos. Y es que cumplimos tantos roles en la sociedad actual que apenas nos detenemos a percatarnos qué sucede, cuando ya el próximo desafío está en la bandeja de entrada del correo. El tiempo de vigilia en que podemos ser productivos es apenas de ocho horas, si es que somos algo perezosos y hasta doce, con algo de disciplina y esfuerzo. De este modo, el bien más preciado es el tiempo, pues hoy día queremos compartir más con nuestras familias, hacer deporte, viajar y vivir experiencias únicas y asombrosas.

Pese a las transformaciones sociales, el ser humano sigue fiel a su condición, cual es medrar, esto es, alcanzar una mejor versión de sí mismo. No obstante, hoy más que nunca queremos que eso ocurra más rápido, porque tenemos menos tiempo. En este contexto, lograr una carrera ascendente en las organizaciones es una de muchas posibilidades. Cuando le preguntas a una persona cualquiera sea su nivel de formación u oficio, a qué aspira, no esperes que "ascender", "ser jefe" o "lograr una gerencia" sea la respuesta única. Y es que el deterioro de los liderazgos actuales ha mellado las quimeras de muchos países en esta parte del mundo. En una encuesta rápida las personas identifican estos roles con una posición compleja e ingrata, pues llevar "jinetas" conlleva costos personales altos, que no todos están dispuestos a asumir. Los líderes formales son cuestionados en su autenticidad, en su coherencia y en la capacidad de representar a la empresa y a la vez a sus integrantes, pues la mayor de las veces estas posiciones son contrapuestas o antagónicas.

El coaching es puro cuento

Situar el Coaching de Carrera como una herramienta para adquirir mayores cuotas de atribución, poder o responsabilidad es una de muchas variantes y tal vez, la menos realista y la menos recurrente, pues los jóvenes -y, por cierto, cada vez más los menos jóvenes- exhiben horizontes acotados o francamente no los tienen, al menos en las organizaciones a las que pertenecen. ¿Es muy terrible para las empresas oír que sus buenos trabajadores quieran transitar sólo un "tiempo razonable" por sus filas para después buscar otros derroteros? Desde 2015 en adelante he oído decenas de historias que apuntan a nuevos retos en el desarrollo profesional, ya no es el dinero, el estatus, el control o el poder. En su lugar, me sorprende y enternece escuchar que las metas se identifican con acciones y experiencias (en vez de objetos), como emprender, hacer una pausa, reconvertirse o transformar la realidad. Y pareciera que las viejas utopías de antaño se reactualizan, pero desde una consciencia renovada, más global y sostenible. ¿Será que nos estamos contagiando del modo milenio?

El salto que las personas queremos dar en las organizaciones es un salto corto y rápido, por describirlo en forma gráfica. La carrera en ascenso de la pasada centuria ha sido reemplazada por una red flexible y dinámica, en la cual la figura de los líderes se desvanece y la autonomía adquiere un papel fundamental. Cada vez más observo ejecutivos que quieren dejar las pesadas estructuras de una multinacional, por ejemplo, por conformar un emprendimiento tras un equipo de personas unidos únicamente por su pasión e interés en transformar sus ambientes inmediatos. En esta misma línea, cuando exploramos los topes de carrera o las barreras que hay que salvar, ya no son los conocimientos o la inteligencia, si no otras destrezas, como la resiliencia, la innovación o la capacidad de influir, conectarse a una red de personas y transformar el medio.

El intento de "maquetear" un modelo de coaching para que las personas avancen o redefinan sus carreras ha sido un reto y debo admitir que la tarea en sí misma será inconclusa justamente porque la naturaleza del ser humano es medrar y eso implica mudarnos una y otra vez del mundo que creamos. Con todo, quiero compartir tres pasos esenciales en la ejecución de un proceso de coaching de carrera, en el entendido que las bases de esta herramienta pueden variar según el enfoque que se adopte. Estos pasos apuntan a un coaching de carrera bajo esta premisa -que he detallado hasta aquí- la carrera versátil del nuevo mundo global.

El primer paso consiste en botar a la basura las trayectorias o planes de carrera y junto con ellas, los perfiles prospectados. Hay que arriesgarse al reconocimiento directo y genuino de las personas acerca de qué quieren hacer con sus vidas y en este contexto, cuál es el papel que juega el trabajo y la organización. Hay que abrirse a la idea de que las personas somos semillas con infinitas posibilidades, mientras que las empresas son celdas de un panal cuya miel no es el pegamento que todos esperan.

El paso anterior conlleva abrir el tradicional encuadre y transferir las preguntas claves acerca del desempeño, el rol y las potencialidades de las personas a su entorno extra organizacional, entendiendo que la consistencia del trabajo con el mundo real es cada vez más importante. A nivel de actividad o ejercicio se concreta este paso exponiendo una presentación, por ejemplo, un video casero acerca de qué hacen las personas y por qué, a la retroalimentación de personas comunes y corrientes, miembros de una comunidad. Ellas representan el inconsciente colectivo, ofreciendo una imagen sincera y sin sesgos de ningún tipo.

Otro paso sustancial en la observación de las posibilidades de desarrollo es generando una entrevista entre nuestro coachee y otra figura, probablemente anónima, que ocupa justamente la imagen de figura que aquel quiere alcanzar. Esta reunión es crucial, pues enfrenta a las personas con el futuro que sueñan, pero encarnado en una figura real, de carne y hueso. Si bien, cada realidad es distinta y, por ende, cada camino es único, la experiencia del que ya transitó resulta realmente interesante para quien sólo ha hecho un prospecto de ese camino. Desde otro ángulo, la reunión familiar con presencia del coach como facilitador es una excelente estrategia para desentrañar las posibilidades familiares, reconocer las expectativas, priorizarlas y solventar decisiones coherentes con el sistema emocional del involucrado (el coachee).

Por último, esbozar o dibujar la carrera proyectada, junto con las decisiones claves que deberán tomar, es un paso que permite ponerle racionalidad y pragmatismo al proceso de coaching, y para ello, el integrar todos los pasos en un plan es y sigue siendo una estrategia clave en la formulación de la propia carrera. Será también necesario asociar cada paso de este plan a las herramientas que se requerirán, sobre todo en lo que respecta a las actitudes y al nuevo "Yo" que se requerirá.

17

Coaching Reversible

Por Paty Wilensky. Licenciada en Educación, especialista en "Capacitación a través de juegos" y en "Aprendizaje reversible", Master en PNL y con posgrados en Psicología Junguiana, Gestáltica y Sistémica. Se desempeña como capacitadora-coach en empresas y organizaciones. Ha escrito varios libros sobre Reversibilidad "Cuatro elementos", "El laberinto del diálogo interno", entre otros.

Reversibilidad es una técnica de coaching basada en Carl Jung, con luces, sombras y símbolos. La reversibilidad es una manera de pensar flexible, de ida y vuelta. No busca quién tiene razón, sino localizar las dos caras de lo mismo. La reversibilidad nos da la posibilidad de pensar los dos polos a la vez: una faceta de una cuestión y también su contraria. La reversibilidad busca incluir lo opuesto, que ha sido excluido.

Coaching Reversible: Facilitar a otro a que descubra carriles para transitar la vida entre el blanco y el negro.

¿Cómo se desafían las limitaciones del coachee reversiblemente? Generando preguntas para que encuentre grados, opciones entre el blanco y el negro. Así podrá elegir en cada situación la opción que considere más adecuada.

La mente dual

Nuestra mente consciente funciona en modo dual. Discierne polos opuestos entre los cuales hay que elegir uno. Porque considera que hay uno sólo que es correcto. Se plantea como blanco o negro. ¿Necesito una visión inspiradora o necesito ser pragmático y basarme en hechos?, ¿La eficacia se consigue con control o se logra con flexibilidad ante los obstáculos?, ¿La gente necesita una planificación lógica o la gente necesita ser escuchada y consultada?, ¿Mi atención está centrada en el otro (o el mercado) o está centrada en mi (en mis posibilidades)?

Los polos percibidos como opuestos generan frustración y se vivencian como problemas. "No puedo estar en dos lugares a la vez". La tensión se genera cuando quiero permanecer en una orilla y veo la otra como inadecuada. Entramos en una disyuntiva

Ante una situación: ¿Soy impulsivo o premeditado?

Ante una persona: ¿Soy crítico o confiado?

Ante lo que interpreto ofensivo: ¿Me defiendo o dejo pasar?

Ante el deseo del otro: ¿Soy complaciente o pongo límites?

Ante la necesidad del otro: ¿Me centro en mí o soy servicial?

La disyuntiva es un cuento. Ese dilema no es la realidad, es una interpretación, es el cuento que nos contamos. Ofrece la salvación de un lado y el error del otro. Pero, eso es una ilusión de la mente dual. La reversibilidad permite aceptar ambos polos y abrir todos los carriles que pueda haber entre ellos.

En la introducción, Carlos Díaz Lastreto nos dice: "Creo que los coaches nos movemos en dos extremos delicados, que crean una tensión importante, por un lado la omnipotencia (…) Y, el otro extremo es la impotencia (…)". La clave de la reversibilidad es mantener esa tensión y no elegir uno de los dos caminos. Quedarse con las dos posibilidades mantiene un abanico de opciones. La omnipotencia tiene una ventaja:

creer que hay algo que se puede hacer. La impotencia tiene la suya: no soy el único artífice.

Darse cuenta y actuar

Cuando un coachee descubre que los dos polos tienen sus beneficios (y también sus costos) se le abre una gama de posibilidades. Esto facilita la orientación a la acción, ya que podrá ir experimentando aquellas variantes que están cerca de su luz y con una pequeña gota de sombra. Nuestra mente consciente se siente más segura al ir graduadamente.

¿En qué se parece y en qué se diferencia de otros modelos de coaching?

Compartimos con todos los modelos de coaching en que no se puede enseñar a otro su camino: sólo el coachee sabe por dónde está la salida. Y también que la principal herramienta para facilitar, es la pregunta.

La diferencia está en:

Las POLARIDADES: tomamos en cada situación el polo con el que el coachee se ha identificado. Y también el polo opuesto, que ha enajenado. Con miras a que pueda encontrar los grados intermedios en cada situación.

Los SÍMBOLOS: para comprender cada polo, no alcanza con las palabras. Abrimos la búsqueda al hemisferio derecho, a la emoción y la imagen. Y nos comunicamos con otra parte del coachee a partir de sus símbolos.

Vamos a un ejemplo:

Marina asumió el cargo de jefa hace seis meses. Supervisa a los que antes eran sus compañeros. "No encuentro una manera de "bajar línea" sin perder el vínculo armonioso con mis colaboradores"

- Marina quiere direccionar a sus colaboradores.

- Marina quiere conservar el vínculo armonioso con ellos.

- ¿Por qué se le hacen irreconciliables estos dos objetivos?

Marina interpreta que:

- Direccionar es enfatizar los errores, poner límites, criticar, señalar.

- Conservar el vínculo es ser armoniosa, hablar con suavidad, evitar el conflicto.

Marina notó que para ser amable se había habituado a decir que sí, a casi no poner límites, a ceder. La ventaja del polo opuesto (direccionar) sería ir hacia determinados resultados, cosa que en este momento no está logrando. "Tengo que hacer más seguimiento, ser más dura… pero no veo cómo"

Ella representa su lado amable, armonioso con un Conejo. Lo imagina en un entorno bajo y con colinas, donde hay varios conejos. Algunos están en grupos y otros van de un grupo al otro. Su conejo se siente feliz y en movimiento.

Marina elige un Tigre para representar su lado que direcciona. Lo imagina sólo, en un lugar con árboles y mucha enramada. Hay una laguna a la que van varios animales, pero se escapan cuando lo ven llegar. Por momentos sube a un árbol para ver más allá, en otros momentos se presenta imponente en la orilla de la laguna. Le gusta que los demás le teman, pero luego se siente solo.

Las polaridades

Cuando vivimos una situación, es imposible no apreciarla y al hacerlo se divide en blanco o negro. Si algo es vivenciado como malo, ya no tengo posibilidad de transitarlo porque se ubicó en el lugar de lo inadecuado.

Esto que es considerado como "malo" es algo aprendido, no es malo en sí. He armado una identidad propia recortando los aspectos que considero "malos". Esto es algo inherente a ser humanos: para ser sociales necesitamos dejar aspectos fuera de nosotros. Esos aspectos míos que he quitado de mi vida, no desaparecen. Sino que aparecen en el mundo externo con su carga de inadecuación.

Por ejemplo: he construido una personalidad "amable" con simpatía y consideración. Para ello, tuve que dejar afuera todo lo que parece violento. Con esa dulzura tendré que gestionarlo todo: un aumento de sueldo, una persona invasiva, etc. Al quitar la agresividad de mi mundo, también pude haber quitado la firmeza, la asertividad y la vehemencia. Tendré pocas habilidades, me faltan las opuestas. Y todo aquel que me encuentre en mi camino, y tenga su carga de agresividad, me parecerá violento. Cualquier grito, insulto, me saca de quicio…ya que está en el polo opuesto de mi identificación.

La reversibilidad permite dar vuelta las cosas de manera que la realidad siempre tenga sus dos caras. Recuperar esos aspectos guardados, cambiándole la valencia "negativa".

Los símbolos

Para poder aprehender el polo opuesto y deslizarlo gota a gota en mi vida, no alcanza con decirlo. Los símbolos son el lenguaje del hemisferio derecho. Con ellos puedo visualizar cómo es y cómo se desempeña ese polo opuesto.

"Ok, entendí, la agresividad no es buena ni mala, depende de cómo se use. Tengo que agregarle gotitas de agresividad a mi vida. Y ahora… ¿cómo se hace?. Para conectarse con su agresividad el coachee lo plasma en una imagen, por ejemplo un Tigre. No puedo ir a buscar habilidades en la violencia, porque tiene una carga de peligro para mí. Lo va a vivenciar, a experimentar en ese símbolo. En un espacio sin riesgo, en una metáfora. Porque si salgo al mundo a hacer lo que considera inadecuado, sólo va a corroborar que era inadecuado. Entonces puedo ver a mi tigre en mi imaginación, distinguir sus talentos y defectos, descubrir cómo se conduce en cada situación, puedo consultarle lo que él haría en cada situación.

Esta mente que plasma imágenes es muy parecida a la que arma los sueños. La persona no elige conscientemente "voy a ver al tigre solo y al conejo con otros". Las imágenes se le van presentando. No decide "Voy a poner colinas en el mundo del conejo y muchos árboles en el mundo del tigre." Cuando la persona está relajada y se deja guiar, las imágenes son espontáneas.

Coaching de equipos

En el Coaching Reversible de Equipos cada participante se presenta con un símbolo. Al principio será un personaje de luz: lo que yo aporto al equipo. Más adelante se trabaja sobre las sombras: lo que tengo para aportar.

En un equipo de gerentes zonales de un Banco, varios participantes tenían como carta de presentación, un caballo. Y aunque era el mismo animal, cada uno plasmó en él su percepción de la realidad. Uno de los caballos (Gerente de Buenos Aires) estaba relajado en un campo muy amplio, casi no se veían los límites y había pastos abundantes. Otro de los caballos (Gerente de una provincia del interior) veía un caballo que lideraba a una tropilla, encabezaba una fila que marchaba hacia otro lado, en busca de mejores pastos. Y nos preguntamos… ¿Es la situación que están viviendo en sus zonas de trabajo o es su personalidad? La respuesta: es la combinación de ambas.

Síntesis

La mente dual ve polos opuestos. Esos dos opuestos se pueden percibir como contrarios o como complementarios.

- "Contrarios" implica excluyentes, es esto o aquello.

- "Complementarios" es cuando ambos forman un "todo", es esto y aquello.

Pero a la mente dual le es casi imposible percibir unidades, por eso organiza, clasifica, categoriza, en "bien" o "mal". La reversibilidad es una técnica muy inclusiva, nada tiene que quedar afuera. La reversibilidad está en la ventaja y desventaja. La reversibilidad está en el grado. La reversibilidad está en el ritmo. Ver al otro como un entero, incluye defectos y talentos. Verse a sí mismos con sus contradicciones.

Fuentes y referencias:

1.- "El Kybalion" por Tres iniciados (1969) Editorial Kier.

2.- "Manual de Pensamiento Reversible". Paty Wilensky.

3.- "Manual de Coaching con Fábulas de convivencia". Paty Wilensky.

18

Coaching con Diálogo de Voces

Se trata de un modelo elaborado por Laura Fierro Evans, coach argentina, que vive en México, quien en su libro *Coaching para líderes* (1) y luego en *Los Estilos guerreros* (2) propone una manera de entender el coaching que me parece original y poderosa.

Basa su trabajo en Sidra y Hal Stone, quienes en su libro *Dialogo de voces* (3) proponen que los seres humanos, a partir de experiencias tempranas en la infancia, nos ponemos en contacto con temores, por lo que se van gestando "voces" que internamente nos dictan lo que debe y no debe ser, lo que se espera de un niño o niña bueno y lo que le pasa cuando se comporta mal. Con el paso del tiempo y gracias a los aprendizajes acumulados, ya no se necesita el regaño externo, pues "dentro de nosotros pareciera como si las voces de nuestros padres habitaran y nos castigaran por las cosas que hacemos". Por ello, "cada vez que nos describimos mediante las características que más nos distinguen, no estamos haciendo otra cosa que nombrar a nuestras voces interiores".

De acuerdo a estos autores los seres humanos nacemos indefensos y vulnerables, con tres grandes necesidades: atención (que alguien nos mire, reconozca, cuide y proteja), aprobación (sintamos que nuestra existencia es valiosa y apreciada) y afecto (en todas sus manifestaciones corporales, emocionales verbales y no verbales).

En la mejor tradición jungiana, vamos desarrollando una "personalidad" o" identidad" distinta de nuestro "ser", aprendiendo a cubrir estas necesidades básicas con estrategias que nos van resultando más o menos exitosas y así creamos la ilusión de que "así nacimos", "así somos" y "así seremos". El problema es que de este modo también nuestras posibilidades de aprendizaje se vuelven limitadas.

A partir de esto los autores proponen algunas ideas centrales:

a) Eso que llamamos nuestra identidad no es lo mismo que "el ser". La identidad es la historia o versión que hemos construido sobre quiénes somos y es limitada. Señala Laura Fierro que la serie de voces con las cuales nos identificamos son llamadas "voces primarias" y que constituyen una especie de guía o mapa que activan nuestro cerebro "para actuar en el camino de la vida, nos ayudan a filtrar información, a seleccionar lo agradable, lo aceptable, lo bueno, lo útil, lo que nos alimenta internamente. Y claro, a rechazar lo que nos han dicho que es despreciable, malo o incorrecto".

Estas voces definen nuestra identidad, lo que somos, v/s lo que no somos. De este modo, nos regimos por esas voces o fuerzas internas que tenemos programadas, ni cuenta nos damos de su existencia, dado que aparecen en la forma de pensamientos automáticas, impulsos, hábitos y toma de decisiones. Esta diversidad de voces nos lleva a conflictos, una nos mueve para un lado, otras para otro, como si dentro nuestro existieran varios individuos luchando por alcanzar objetivos distintos.

b) El hecho de sobre identificarnos con ciertas características a las que consideramos nuestro "yo" nos conduce por un mapa limitante de la realidad que a la vez condicionará nuestras posibilidades de crecimiento y transformación.

c) Esas características se encuentran colocadas en contraste con sus opuestas, las que rechazamos. Mientras más sobreidentificados estemos con esas características más nos costará aceptar los rasgos opuestos, los que juzgaremos como negativos o inaceptables al verlos en otros, siendo de alguna manera un reflejo de aquello nuestro negado.

d) Es posible tomar distancia de eso que creemos que somos para distinguir entre "el ser" y "la historia" que hemos creado, así descubrimos que yo no "soy" esa única cualidad o característica sino mucho más, apareciendo entonces el aprendizaje transformador.

e) Es posible hacernos la pregunta ¿cuantas versiones opuestas de mí mismo puedo descubrir?. La tesis básica del modelo entonces es que "si logramos distinguir los diálogos interiores y diferenciar las energías propias de cada voz, descubriremos de qué manera la diversidad nos habita y comenzaremos a comprender el origen de nuestras guerras interiores". Ello nos da libertad y poder, libertad para sentir que no somos una única voz, sino que muchas voces y poder para "saca la voz" que se necesita acorde a la situación y de esa manera ser efectivos.

Desde estas ideas básicas, tomadas desde los trabajos de los Stone, el trabajo de Laura interno deriva hacia dos modelos, expuestos en cada uno de sus trabajos: El equipo interno y los estilos guerreros.

Coaching del equipo interno

El coaching del equipo interno nos revela nuestro ser a nosotros mismos ampliándose significativamente la versión limitada de lo que creemos que somos, así la persona se da cuenta de muchos elementos que la constituyen que han quedado ocultos o silenciados, descubriendo que existe una vía de acceso a esas energías y voces que se contradicen unas con otras, que se puede actuar sobre ellas y decidir cómo se quiere ser habitados por ellas. Esto produce una revolución en el sentido de identidad pasando de víctimas de los impulsos inconscientes a personas que eligen con conciencia quienes son y como desean relacionarse con los demás y consigo mismo.

La idea central del coaching del equipo interno es conversar con las voces que nos constituyen, observando cómo se manifiesta cada voz (lenguaje – corporalidad – emocionalidad), descubrir para que le ha servido al coachee esa voz, de qué lo ha protegido y como puede integrarla mejor.

De este modo se puede trabajar:

a) Enseñanza de la **pluralidad interna** del ser humano. Hay muchos personajes dentro de nosotros, representados con voz y voto, estas voces algunas veces están en concordancia otras en oposición y sobre todo en desorden, igual que los equipos externos.

b) Enseñanza del **liderazgo interno**. ¿Quién es el líder del equipo y cuál es su función?, como genera sinergias en este nudo interno y crea un equipo real. El liderazgo viene como resultado del coaching, dado que la persona necesita asumir el mando de su vida interior, siendo consciente de que cada voz o personaje es sólo eso y que gracias a la toma de distancia y el poder mirar la diversidad que la conforma, puede elegir a cuál de sus voces interiores le asignará el rol de líder.

c) Enseñanza del **manejo interno de conflictos**. Los conflictos son inevitables por lo que es necesario aprender a reconocerlos y solucionarlos. Por eso, ¿qué conflicto externo puede resolver alguien que está en su interior en una guerra de guerrillas entre sus voces?

d) Enseñanza sobre la **construcción de la personalidad**. A la luz de este modelo, es posible identificar en el escenario interior que no todos los personajes se presentan de igual manera, unos aparecen antes, otros después, por lo que se tiene que integrar a todos especialmente a los "desterrados internos".

e) Enseñanza de realizar **cambios en la alineación** interior. Dependiendo de la situación o contexto, se hace una alineación de los personajes, es posible sacar al "mejor jugador" en cada situación que se enfrenta. Aquí sirve la metáfora del director de teatro o del director técnico de un equipo de futbol, que cuenta con un grupo de actores o jugadores, según la metáfora y que dependiendo de la obra de teatro o del equipo contrincante hace que algunos jugadores jueguen o actores actúen, especialmente aquellos que están preparados y que la situación requiere. Esto también implica que los jugadores pueden ir rotando, participando de algunos juegos y no de otros.

Con este método se desarrollan varios niveles de conciencia.

El primero la posibilidad de dar un paso atrás y mirar la imagen completa. El segundo nivel tiene que ver con la posibilidad de ser testigos de la experiencia como proceso dinámico, constante y cambiante. El tercer nivel es el proceso de vivir desde un "yo" consciente.

Cuando desarrollamos mayor conciencia de las voces que nos habitan, del lugar que ocupan en nuestra vida podemos alejarnos un poco de la situación concreta, actuar con menos automatismos, generar una voz que coordine las otras voces y, de ese modo, poder gestionar el conflicto entre las voces de mejor modo.

Los estilos guerreros

Tenemos muchas voces, las que de algún modo se pueden agrupar en "estilos", configuraciones. Para ello, Laura Fierro, acude a los trabajos de Friz Riemann, quien diseña una matriz para dar orden a los opuestos desde los cuales se valora la vida. La matriz se basa en los conceptos de espacio y tiempo.

En relación al espacio, los opuestos son: cercanía v/s distancia. Ello implica que por un lado las personas buscan contacto, interacción, pertenencia o ser independientes, autosuficientes y poner límites a los demás. La paradoja dependencia y autonomía.

En relación a tiempo, los opuestos son permanencia v/s cambio. Ello implica entonces que por un lado las personas buscan seguridad y estabilidad y por otro lado, tendencia a buscar el cambio. La paradoja entre conservación y cambio.

Al integrar las polaridades se genera una matriz de cuatro estilos:

CAMBIO		
4		1
CERCANIA		DISTANCIA
2		3
PERMANENCIA		

Esta matriz permite diferenciar cuatro "estilos guerreros":

1. Cambio y distancia: **Estilo Vikingo.**
2. Cercanía y permanencia: **Estilo Maya.**
3. Permanencia y distancia: **Estilo Espartano.**
4. Cercanía y cambio: **Estilo Bereber.**

Lo que hace la autora es proponer una agrupación de voces como un estilo ya que entre estas voces hay semejanzas, cercanías, temas comunes. No está proponiendo una tipología exhaustiva, por lo que no hay que caer en el error de pensar en "tipos", como podría ser el modelo MBTI o el modelo eneagrama. Se trata de "melodías", "coreografías" características. Ninguna es "buena" o "mala", tenemos todas las voces por lo que podemos circular por todos los estilos, sin embargo, mientras más polarizado se viva un estilo, mayor será el nivel de conflicto que se tendrá con los "contrarios.

De acuerdo a ello, los estilos guerreros son:

1.- Estilo vikingo: Determinación, orientación a resultados, aguerrido espíritu de aventura y necesidad de tener el poder. Voces vikingas: el fuerte, el independiente, el arriesgado, el impulsivo, el exigente, el exitoso, el aventurero, el rebelde, el ambicioso, el impaciente, el ejecutivo.

2.- Estilo maya: Empatía, personas buenas para encontrar el punto medio entre posturas opuestas. Cultivadoras de las tradiciones, la vida en familia y las costumbres. Cuidan las relaciones y las cosas, les cuesta trabajo adaptarse a los cambios. Cercanía afectiva con los demás. Voces mayas: el complaciente, el respetuoso, el empático, el postergador, el seguidor, el esforzado, el tradicional, el romántico, el entregado, el buena gente, el humilde.

3.- Estilo espartano: Pensamiento estratégico, búsqueda de la perfección, seguidor de hábitos, autónomo, disciplinado. Voces espartanas: el perfeccionista, el crítico, el responsable, el justo, el competidor, el racional, el escéptico, el controlador, el disciplinado, el ahorrador, el eficiente.

4.- Estilo bereber: Necesita de los otros, sociable, entusiasta, le gusta el cambio, sociable, creativo, desorganizado, soñador. Voces bereberes: el entusiasta, el emprendedor, el sociable, el soñador, el creativo, el cambiante, el seductor, el espíritu libre, el hedonista, la víctima.

La presentación de estilos me recuerda otros modelos, como los propuestos por Carlos Sandoval (4), quien hace referencia a la idea de arquetipos. Creo que los estilos guerreros señalados por Laura, si bien distintos a los de Sandoval, también integran esta idea de arquetipo, como una configuración característica, integrada.

Para terminar, cada voz habla de manera característica, adopta una corporalidad propia, protege a la persona de algo en particular y, de alguna manera, le ha servido en la vida. El desarrollo aparece entonces cuando vemos la voz como una más, que ha tenido utilidad en la vida pero que se puede integrar con otras voces, usando aquella que se necesite en relación a las circunstancias y no cayendo en la rigidez de excluir las voces complementarias.

Fuentes y referencias:

1.- Fierro, Laura (2013). "Coaching para líderes". Buenos Aires, Gránica.

2.- Fierro, Laura (2019). "Los estilos guerreros". Buenos Aires, Gránica.

3.- Stone, Hal y Stone, Sidra (2014). "Manual del diálogo de voces". Barcelona. Editorial Eleftheria.

4.- Sandoval, Carlos (2014). "Reyes, magos y guerreros". Aguilar Chilena de Ediciones. Santiago.

19

Coaching y Psicoterapia

Por Carlos González Mella. Médico Cirujano formado en la Universidad de Concepción y Psicoterapeuta Gestáltico Integrativo, con formación en PNL, Hipnosis, Terapias de encuadre sistémico, Medicina homeopática y Enfoque holístico/integral de salud. Psiquiatra, Coach Ontológico Senior (The Newfield Network) y Facilitador CEFE Integral.

Desde que en el emergente campo del coaching apareció la posibilidad de abordar problemas de la vida ("Life Coaching") -cuestión que me parece haber surgido sobre todo desde la aparición de una particular forma de hacer coaching, cual es aquella derivada del original y poderoso trabajo interpretativo sobre las organizaciones (y el ser humano) que llevó a cabo Fernando Flores en los primeros años de la década de 1980- la tensión entre ambos oficios y la pregunta que busca poder delimitar sus respectivos campos se ha hecho prácticamente un tópico en los libros de coaching, y en alguno de psicoterapia y counselling que me ha tocado leer.

Lo que sigue es lo que yo pienso sobre esta relación y delimitación de sus quehaceres y no la exposición de algún consenso universal sobre lo mismo. Que lo que yo piense en este ámbito tenga algún valor es idea de Carlos Díaz, quien gentilmente me honró con su petición para escribir este capítulo. Tengo a mi favor el ser a la vez psicoterapeuta y coach, el haber reflexionado sobre esta relación desde que conocí el Coaching Ontológico el año 2004, el haber participado en muchas discusiones sobre esto con colegas coach y con colegas psicoterapeutas -particularmente haber escuchado la devaluación (a veces, fundada) del coaching por parte de psicoterapeutas de prestigio y, sobre todo, el haber vivido en carne propia el poder transformador de estar en procesos de psicoterapia y de coaching como paciente y coachee, -además de como prestador del servicio.

Para el objeto de este comentario, me centraré en las modalidades individuales (pero algo parecido se podría decir de la psicoterapia de grupo v/s el coaching grupal o de equipos) y tomaré como modelo el Coaching Ontológico, que es el que conozco más, el que practico y el cual me parece que mayormente se presta para esta posible confusión y difuminación de los bordes entre estas disciplinas.

Algunas definiciones que me encuentro sobre el coaching en textos señeros:

"El Coaching Ontológico es un proceso de aprendizaje a través del cual transformamos el tipo de observador que somos, con la ayuda de una persona que sirve de coach. Al modificar el tipo de observador que somos, transformamos también la forma en que actuamos. La modificación conjunta de nuestra forma de observar y de actuar nos permite decir que éste es un proceso que compromete y transforma nuestra manera de ser. De allí el apelativo de ontológico que lleva este tipo de coaching. El coaching ontológico es un proceso conversacional. Se realiza conversando y descansa en un conjunto de competencias conversacionales genéricas". (Rafael Echeverría).

"Proceso de aprendizaje individual y/o grupal que induce al análisis profundo de lo que es realmente importante para el individuo, grupo y organización, generando altos niveles de desempeño, éxito, transformación y retorno sobre la inversión". (Mercedes Jahn).

El coaching es puro cuento

"Proceso dinámico e interactivo que consiste en asistir a otros en el logro de sus metas, colaborando en el desarrollo de su propio potencial. El coach colabora con las personas, equipos, empresas, para que se acorten las brechas con respecto a objetivos tanto personales como organizacionales. Su papel es capacitar a otros, a través de múltiples herramientas, para que se conviertan en mejores observadores de sí mismos y de su mundo de relaciones, para que puedan obtener el máximo de rendimiento de sus competencias y habilidades. Asumir responsabilidad y poder, transformar el observador y diseñar e implementar nuevas acciones, son los fines de un coaching exitoso". (Leonardo Wolk).

En estas definiciones, hay un énfasis en la obtención de ciertos resultados u objetivos y está la noción de aprendizaje, ambos aspectos que no suelen ser considerados en las definiciones de psicoterapia. En ésta, en cambio, aparecen conceptos como tratamiento, síntomas, psicológico y, cuando se habla de objetivos, estos son variables "psicológicas": pensamientos, sentimientos y conductas, variables que muchas veces son definidas por el especialista, a partir de un cierto modelo ideal de salud o normalidad (1).

Es decir, los límites están definidos por sus respectivos campos de aplicación: la salud mental, en el campo de las psicoterapias y el aprendizaje de ciertas competencias o instalación de nuevas prácticas en el campo del coaching. Y la transgresión de los límites entre ambos campos importa un problema ético, además de técnico: ambas disciplinas tienen

---

[1] La noción de aprendizaje puede aparecer en definiciones de terapias conductistas. En ellas, el término "psico" a veces se desestima y los objetivos y resultados deben ser definidos en términos observables. Por lo general, actos simples y comportamientos no contextualizados, en todo caso.

fundamentos teóricos y prácticos distintos y los roles profesionales son diferentes. La preparación para reconocer psico(pato)logías e intervenir en el campo de la salud requiere ser un profesional universitario en Chile (psicólogo o médico, en pregrado, y algunos otros con posgrados en psicoterapia o psicología clínica). Y del lado del coaching, hay un aprendizaje específico de prácticas de diagnóstico e intervención que no son reducibles a aquellas aportadas en las ciencias de la conducta, y que tiene sus propios estándares de excelencia y formación deontológica. Recientemente, he conocido el caso de una psicóloga sin formación en coaching, que cometió la imprudencia (narcisista, diría un colega de ella) de hacer "coaching" a un empresario, interviniendo en su organización y hasta forzando decisiones estratégicas. Cuando se dieron cuenta, estaba atendiendo en sesiones individuales a más del 60% del personal de la empresa, había una relación de dependencia con el director y la empresa estaba al borde de la bancarrota como consecuencia de sus decisiones de gastos e "inversiones". También hay ejemplos de transgresiones en la otra dirección, por supuesto.

Hasta aquí tenemos una distinción clara y un llamado consecuente a respetar los límites entre ambas disciplinas.

Sin embargo, y en lo que viene me afirmo sobre todo en el así llamado giro ontológico, que está en la raíz de la práctica del coaching que lleva ese nombre, esta claridad puede ser cuestionada: ella se basa en una interpretación de lo que es un ser humano, en distinciones como mente, inconsciente, psique, conducta, motivación, etc. que están ancladas en prácticas sociales e interpretaciones históricas, todas ellas susceptibles de cuestionamiento y de re interpretación, y desde ahí, de rediseño ontológico, para tomar el concepto que introdujo Fernando Flores, por allá por los años ochenta del siglo pasado. De hecho, me permito una anécdota: gracias al entusiasmo e inteligencia de un amigo, psiquiatra y terapeuta familiar, hicimos, a fines de los años ochenta experiencias con familias aplicando lo que acabábamos de aprender en los textos de Flores (su Tesis, el *Understanding Computers and Cognition* y algunos apuntes de sus alumnos) y pudimos comprobar su tremendo poder de cambio al intervenir en las conversaciones que constituían a las familias en crisis (un poco en broma, digo a la distancia, que inventamos el coaching ontológico en forma paralela).

El Coaching Ontológico es una práctica que surge desde un claro, por usar un concepto que Flores toma de Heidegger -y es sólo uno de los posibles frutos del mismo. Desde ese claro, desde un apropiarse o habitar el mundo que trae a la mano este claro, una persona (un coach, por ejemplo) se encuentra interpretando al ser humano y su mundo de preocupaciones, de un modo que desafía el sentido común heredado -y esto incluye aquello que llamamos Psicología y la práctica terapéutica basada en esa concepción, que son la mayoría de las psicoterapias oficiales.

Mi propio camino ha podido ver lo anterior desde dentro. Como coachee, viví un proceso de transformación comparable o aún más poderoso que algunas temporadas de psicoterapia previas. Y como terapeuta (confieso que practico una terapia poco ortodoxa y que lleva implícito en su seno un desafío al sentido común psicológico) he visto que el pararme en ese claro ontológico me ha permitido profundizar mi práctica psicoterapéutica e interpretarla en términos no psicológicos, posibilitando desde ahí una expansión de sus límites, aplicabilidad y poder transformador.

Me temo que la distinción de campos es, pues, a la luz de esta inquisición, más política que ontológica. Lo cual no quiere decir que no se requiera una formación adecuada: que no haya diferencia ontológica entre mi competencia en la dirección de reuniones efectivas o mi competencia en ser una pareja de mi pareja a la altura de mi declaración de intenciones, no da cuenta de la diferente complejidad del asunto. Tal complejidad suele despertar narrativas "psicológicas", pero eso sólo revela nuestra herencia histórica. Es posible interpretarla de otro modo. Pero intervenir en ese territorio implica entrar en un terreno de mayor complejidad y, consecuentemente, requiere una práctica específica que puede no estar disponible en la formación normal de un coach, incluso un coach ontológico (como dice el dictum: lo complejo, a diferencia de lo complicado, no puede reducirse a lo simple). Pero que no esté disponible no significa que no pueda desarrollarse. Por supuesto, sin descuidar el estándar de excelencia técnica y ética que esto implicaría.

Termino el capítulo sorprendido de a dónde me ha llevado mi indagación. Pero al revisar la bibliografía que dispongo, si bien no está dicho de esta manera, me parece que tanto Leonardo Wolk (quien, de hecho, defiende la distinción entre las disciplinas en su libro "*El Arte de Soplar Brasas*") como el Dr. Daniel Sidelski (en su libro "*Estrés y Coaching Profundo*") han vislumbrado esta difuminación de límites y comprendido el poder profundamente terapéutico que puede llegar a tener la práctica del Coaching Ontológico.

Foucault habló de prácticas de transformación del sujeto. Prácticas de transformación me parece un buen nombre y en él cabe no sólo cierto coaching con vocación de profundidad -y la psicoterapia - sino varias tradiciones de sabiduría que han sido cultivadas por generaciones y que, como aquellas, han estado al servicio de la libertad, la salud y el bienestar de las personas, de las redes sociales en las que participan y del mundo que habitamos todos.

20

Coaching y escucha

He leído y releído muchas veces los capítulos que componen el libro y estoy muy agradecido de todos los coaches amigos que han contribuido con sus aportes a este trabajo y a todos los coaches que han desarrollado ideas valiosas, innovadoras y provocativas que he plasmado en los distintos capítulos de este material.

Mientras más reviso el trabajo, creo que hay un concepto central que todos los modelos, enfoques, autores y prácticas utilizan de un modo u otro y es el concepto de escuchar. La escucha como un acto fundamental en las relaciones humanas y en el arte del coaching en particular.

Un buen coach es un buen escuchador. Es alguien que adopta una actitud de atención en la conversación que sostiene con su coachee, que no está enfocado en sí mismo, sino que está enfocado en el interlocutor que tiene al frente, atento a su lenguaje, corporalidad, emociones, a lo que dice y a lo que no dice y que si se escucha a si mismo lo hace como un acto reflejo, algo así como ¿qué me pasa a mí con esto que me están relatando y cómo lo pongo al servicio de mi coachee?. Es alguien que se dispone en una actitud de empatía y escucha activa, con un interés genuino por lo que le sucede a su coachee. Un coach es alguien consciente de la escucha como interpretación, pero que interpreta lo que lo que le dicen para abrir posibilidades al coachee, más que para etiquetar o hacer juicios taxativos. Finalmente es alguien que escucha con efectividad, que chequea su comprensión, si lo que está comprendiendo tiene relación con lo que le dice el coachee.

Estas reflexiones me llevan a pensar que existen cuatro conceptos distintos del escuchar, cada uno con aplicabilidad distinta pero útiles para nuestro propósito. Escribí un post sobre este tema hace un tiempo (1).

Concepto 1. Escucha como actitud de receptividad.

El sentirse escuchado es una condición importante en cualquier relación, sobre todo en aquellas en las que queremos construir un vínculo de cercanía, de amistad, de proveedor – cliente, de pareja, papá – hijo, profesor – alumno, etc. Conozco personas que son muy hábiles en esta competencia, rápidamente adoptan una posición, una actitud receptiva, de apertura a lo que la otra persona les cuenta. Por otro lado, conozco muchos a quienes adoptar esta actitud les resulta difícil y cuando interactúo con ellas entro en una conversación interna en la cual me digo, "¿me estará escuchando?", "¿le resultará significativo lo que le digo?".

Me acuerdo que ya Carl Rogers hablaba de la importancia del sentirse escuchado como uno de los elementos fundamentales de la terapia exitosa. Creo que Rogers se quedó corto, pues sentirse escuchado no sólo es importante en la terapia, también lo es en la pareja, en el trabajo, en los negocios y en la vida en general.

Este primer concepto de escucha tiene que ver con la apertura, la receptividad. Escuchar es adoptar una actitud de dejarse afectar por lo que el otro nos dice. Este concepto de escucha implica aceptar la posibilidad que lo que la otra persona me indica genere cambios en mí. Desde esta perspectiva un "buen escuchador" es alguien que se pone en una posición de apertura, disponible. En este enfoque "no hay nada más peligroso que una buena conversación" ya que si entro a cualquier conversación con esta actitud, siempre cabe la posibilidad de mirar las cosas de otro modo, de cambiar mi perspectiva de las cosas y con eso aprender, cambiar de ideas, innovar o abrirme a nuevas miradas.

Concepto 2. Escucha activa o empática.

Esta escucha ha sido descrita exhaustivamente por mucha gente, donde lo que se enfatiza es la actitud corporal, del lenguaje no verbal que muestra interés por lo que el otro dice. Me acuerdo de la técnica del acompañamiento de la PNL, en que acoplamos nuestra corporalidad y respiración a lo que el otro nos va diciendo, provocando casi sin conciencia, la sensación de sentirse escuchados.

Un autor interesante de considerar en esta acepción es Daniel Pink, quien en su libro "Vender es humano" (2) entiende esta escucha como "sintonización". La sintonización es la capacidad que permite armonizar las acciones y perspectivas propias con las de otras personas y con el contexto en que uno se encuentra. La metáfora es el dial de una radio, subir o bajar por la banda según lo exijan las circunstancias. La sintonización depende de tres principios: incrementar el poder reduciéndolo, usar tanto la cabeza como el corazón e imitar de forma estratégica.

En relación a cada una de las habilidades que componen la sintonización, "incrementar el poder reduciéndolo" se refiere a que ayuda a sintonizar el iniciar cualquier encuentro no desde el poder sino que pensando que se está en una posición inferior de poder, lo que ayuda a ver la perspectiva del otro lado con mayor precisión. Respecto a "usar la cabeza tanto como el corazón" se refiere a una buena integración entre empatía y toma de perspectiva la que tiene un lado más cognitivo que emocional. Y en relación a "imitar de forma estratégica", se refiere a la capacidad humana de imitar y copiar los comportamientos del otro, que muchas veces son espontáneos, de manera intencional, imitación que genera un fuerte sentido de sintonización.

Creo que en este concepto de escucha cabe mucho la posibilidad del entrenamiento y la capacitación. A diferencia del primer concepto que es mucho más actitudinal, en este caso, si tengo la voluntad, puedo aprender y con eso mejorar fuertemente mi escucha, permitiendo que mi interlocutor se sienta comprendido.

Concepto 3. Escucha como interpretación.

A medida que oímos al otro vamos construyendo una historia, vamos haciendo juicios sobre un sinfín de elementos: sus intenciones, sus dolores, sus preocupaciones, sus posibilidades, sus imposibilidades, sobre en definitiva su alma. Desde esta perspectiva ser un "buen escuchador" es ser hábil en imaginar – construir – elaborar historias a partir de lo que nos dicen (o no nos dicen) para abrir posibilidades. Aquí el coaching es el arte de escuchar para proponer nuevas escuchas que a la otra persona le hagan sentido.

Dice Rafael Echeverría en la *Ontología del lenguaje* (3) que escuchar es oír + interpretar, que el oír es un acto biológico, enfatizando el impacto de los sonidos en los receptores, en cambio el escuchar es la interpretación que hacemos de aquello que oímos (u olemos, vemos, gustamos, etc).

En otro de sus trabajos Echeverría (4) propone que escuchar tiene que ver con percibir + interpretar, lo que implica que escuchar tiene un carácter activo, "a través de la escucha, la palabra del otro pone en marcha un complejo proceso interpretativo de parte de quien se encuentra en el rol de oyente". En el proceso interpretativo se pone de manifiesto el carácter histórico de los seres humanos ya que toda interpretación se realiza desde un pasado, desde una tradición de sentido, que remite a nuestra historia personal y de la comunidad de la que formamos parte, además desde esta comprensión se activan supuestos, prejuicios, valoraciones, patrones habituales de conferir sentido.

Es interesante la escucha como interpretación, pues desde esa perspectiva, parafraseando a Watzlawick y sus axiomas "es imposible no escuchar" ya que siempre querámoslo o no, interpretamos, otorgamos sentido, juzgamos, construimos historias de lo que el otro nos dice o no nos dice. En este sentido cuando se dice respecto de la escucha interpretativa si he escuchado o no, no cabe la alternativa de no escuchar, interpretar es algo que nos acaece por el solo hecho de ser seres humanos.

Otro autor que me parece especialmente interesante respecto de esta acepción de la escucha es Schulz von Thun, quien en su libro *"El arte de conversar"* (5) señala que cada vez que hablamos y cada vez que escuchamos hacemos cuatro acciones. Escribí un post sobre este autor (6)

En el cuadro se observan las cuatro acciones de habla y de escucha.

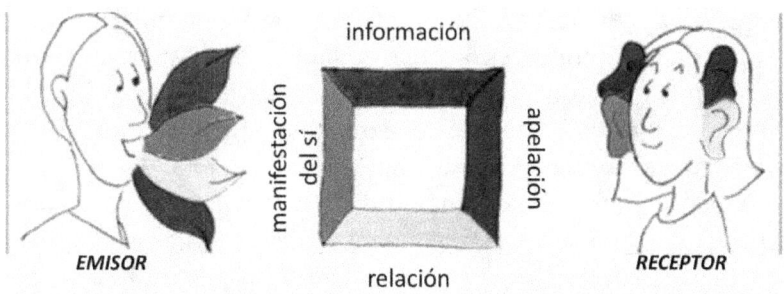

Según el autor, La noticia (lo dicho), contiene cuatro mensajes simultáneos, el contenido objetivo, la autoexposición, una propuesta de relación y una incitación. En relación al contenido objetivo, se trata de la "información" que porta la noticia. El segundo es la autoexposición, con lo que se refiere a que cada noticia también contiene información sobre la persona del emisor, tanto su "auto representación" (como se ve a sí mismo) como la auto revelación involuntaria (lo que una muestra de si aunque no quiera mostrarlo). El tercer aspecto que se observa en cada comunicación es una propuesta de relación, la posición en que se sitúa el emisor frente al receptor y lo que piensa sobre él. Esto se hace patente en muchos aspectos no verbales, tales como el tono de voz o la actitud corporal. Finalmente, el cuarto aspecto de toda noticia es la influencia o "hacia donde te quiero llevar", motivando al receptor para que haga, deje de hacer, piense o sienta de determinada manera respecto de determinadas cosas.

Dice Shulz von Thun que los mensajes pueden ser implícitos o explícitos, empleándose en el primer caso el canal no verbal (voz, entonación, pronunciación, gestos, mímica), estos mensajes son calificativos de los mensajes verbales, en el sentido que dan pautas acerca de cómo entender las partes verbales de la noticia.

Desde una perspectiva interpretativa creo que nos agrega distinciones importantes acerca de qué escuchamos cuando escuchamos, ya que evidentemente no escuchamos sólo el aspecto "objetivo" sino que escuchamos mucho más que eso. Me parece especialmente interesante ver como cada observador tiene una sensibilidad particular hacia cada aspecto del cuadro, ya que muchos observadores son muy sensibles a la relación dejando de lado el aspecto objetivo o el aspecto autoexpositivo, otros en cambio son muy sensibles al aspecto autoexpositivo pero dejan más de lado la incitación a la acción, etc.

También me parece atractivo ver donde se producen equívocos en la escucha, como cuando ocurre que decimos algo en un nivel (por ejemplo contenido objetivo) y recibimos de vuelta un garabato, en el que nuestro receptor se enfocó en el aspecto relacional del mensaje y evidentemente no estuvo de acuerdo con la definición. O, la experiencia de "incitar" al otro a que haga algo y que el otro escuche sólo la noticia objetiva y no dicha incitación y así, pudiendo usarse el modelo para explicar muchas experiencias de malos entendidos.

Concepto 4. Escucha Efectiva.

Desde la perspectiva interpretativa siempre construimos historias. La pregunta entonces es si estas historias nos abren o le abren al interlocutor posibilidades y si cabe la alternativa que la interpretación sea poco adecuada.

Por eso creo que la acepción de "escucha efectiva" es muy pertinente a este dilema. Cuando aludimos a esta acepción estamos hablando si el "hablador" juzga que escuchamos lo que quería decir a nivel de sus palabras, sus intenciones, sus sentimientos u otro aspecto y por otro lado si la escucha permite coordinar efectivamente la acción.

En este nivel la escucha tiene que ver con chequear si lo que estoy comprendiendo de lo que el otro expresa tiene más que ver con el otro que conmigo mismo, asumiendo que siempre que interactúan dos personas hay algo de cada uno puesto en juego en dicha interacción.

La técnica del parafraseo es una buena técnica de escucha tanto empática como efectiva. "Si entendí bien, lo que quieres decir es". Otras técnicas son indagar, es decir, antes de formarse una opinión definitiva hacer muchas preguntas.

Me gusta pensar que se puede aprender a escuchar mejor, a adoptar una actitud de mayor apertura, a mostrar escucha empática, a realizar interpretaciones que le hagan sentido al interlocutor y ser más efectivo en la escucha. Creo que este es un tremendo espacio de oportunidades, para cualquier coach que se dedica a esta profesión.

Fuentes y referencias:

1.- Post sobre los cuatro significados de escuchar. En http://lastreto.blogspot.com/2014/08/los-cuatro-significados-de-escuchar.html

2.- Pink, Daniel (2013). Vender es humano. Centro Libros PAPF. Barcelona.

3.- Echeverría, Rafael (2003). Ontología del lenguaje, Santiago, J C Sáez Editor.

4.- Echeverría, Rafael (2007). Actos de lenguaje volumen 1, La Escucha. Buenos Aires. Gránica – JC Sáez Editor.

5.- Schulz von Thun (2012). El arte de conversar. Barcelona. Herder.

6.- Post sobre Shulz von Thun. En http://lastreto.blogspot.com/2015/08/friedemann-schulz-von-thun-el-arte-de.html

Bibliografía

Libros:
Abarca, Nureya (2010). "El líder como coach". Santiago de Chile. Aguilar.

Anderson, Harlene (1999). "Conversaciones, lenguaje y posibilidades". Buenos Aires. Amorrortu.

Bandler Richard y Grinder John (1980). "La estructura de la magia 1". Santiago de Chile Cuatro Vientos Editorial.

Bateson, Gregory (1998). "Pasos hacia una ecología de la mente". Buenos Aires. Editorial Lohle Lumen.

Berger y Luckman (2006). "La Construcción social de la realidad ", Buenos Aires, Amorrortu.

Beyebach, M. (2008). "24 ideas para una psicoterapia breve" (2a. ed.). Retrieved from https://ebookcentral.proquest.com

Bruner, Jerome (2002). "La Fábrica de historias". Buenos Aires. Fondo de Cultura Económica.

Budd, Mathew (2001). "Tú eres lo que dices". Madrid. Editorial EDAF.

Cardon, Alain (2000). "Coaching de Equipos". Barcelona. Ediciones Gestión.

Chabris, Christopher y Simons, Daniel (2011). "El gorila invisible". Buenos Aires, Siglo XXI Editores.

Dilts, Robert. (2004). "Coaching, herramientas para el cambio". Barcelona. Ediciones Urano.

Echegaray, Guillermo (2008, 2017). "Las Constelaciones organizacionales". Verbo Divino Ediciones. Madrid, España.

Echegaray, Guillermo (2017, 2018). "Empresas con alma, empresas con futuro". Ediciones Pirámides. Madrid, España.

Echegaray, I. G. (2008). "Para comprender: las constelaciones organizacionales". Recuperado de https://ebookcentral.proquest.com el 8 de Diciembre del 2017.

Echeverría, Rafael (2003). "Ontología del Lenguaje". Santiago. J. C. Sáez Editor.

Echeverría, Rafael (2007). "Actos de lenguaje volumen 1, La Escucha". Buenos Aires. Gránica – J.C. Saez Editor.

"El Kybalion" por Tres iniciados (1969). Editorial Kier.

Fierro, Laura (2013). "Coaching para líderes". Buenos Aires, Gránica.

Fierro, Laura (2019). "Los estilos guerreros". Buenos Aires, Gránica.

Flores, Fernando (1989). "Inventando la empresa del siglo XXI". Santiago de Chile. Hachette. Escribí un post sobre este libro de Flores. En http://lastreto.blogspot.com/2015/10/fernando-flores-inventando-la-empresa.html

Flores, Fernando (1997). "Creando organizaciones para el futuro". Santiago de Chile. Dolmen Ediciones.

Friedman, Thomas (2018). "Gracias por llegar tarde". Buenos Aires. Paidos.

Galwey, Timothy (1997). "El juego interior del tenis". Malaga España. Editorial Sirio.

Heifetz, Ronald (2012). "La práctica del liderazgo adaptativo". Buenos Aires. Paidós Empresa.

Hidalgo, Ivonne (2009). "Gestión ontológica". Venezuela. Ediciones Mil Palabras.

Kofman, Freddy (2005). "Metamanagement". Buenos Aires. Editorial Gránica.

Mintzberg, Henry (1993). "El proceso estratégico". México. Prentice Hall.

Noah Harari, Yuval (2014). "Sapiens, de animales a dioses". Barcelona. Editorial Debate.

O´Connor Joseph y Lages Andrea (2005). "Coaching con PNL". Barcelona. Ediciones Urano.

Ortíz de Zarate, Miriam (2014). "Psicología y coaching: marco general, las diferentes escuelas". En http://www.buenastareas.com/ensayos/Psicolog%C3%ADa-y-Coaching/64386148.html.

Pink, Daniel (2011). "Vender es humano". Barcelona Gestión 2000.

Pucheu, Andrés (2016). "Coaching para la efectividad organizacional". Santiago de Chile. Editorial edicionesuc.cl

Rosario, P; Fuentes, S; Beuchat, M; Ramaciotti, A (2016). "Autorregulación del aprendizaje en una clase de universidad: un enfoque de infusión curricular". Revista de Investigación educativa.

Sandoval, Carlos (2014). "Reyes, magos y guerreros". Aguilar Chilena de Ediciones. Santiago.

Schein, Edgar (1982). "Psicología de la organización". México. Prentice – Hall.

Schein, Edgard (1988). "Liderazgo y la cultura empresarial". España. Plaza & Janes.

Schön, Donald (1987). "La formación de profesionales reflexivos". Barcelona. Paidós. Escribí un artículo sobre este tema. En http://lastreto.blogspot.com/2015/05/coaching-ejecutivo-habilidades.html

Schulz von Thun (2012). "El arte de conversar". Barcelona. Herder.

Senge, Peter (2005). "La quinta disciplina", Buenos Aires, Gránica.

Stam, Jan Jacob & Schreuder, Bibi (2017). "Systemisch Coachen". Systemic Books Publishing. Edición Juan Londoño. España.

Stone, Hal y Stone, Sidra (2014). "Manual del diálogo de voces". Barcelona. Editorial Elefthería.

Subirana Miriam (2015). "Florecer juntos". Barcelona. Editorial Kairos.

Virgilio, Verónica y Vera, Juan. "Coaching organizacional: un modelo de intervención para el cambio". En https://es.scribd.com/document/95021255/Cuaderno-de-Texto-Coaching-Oganizacional

Warknen, Cristian – Echeverría, Rafael (2006). "Conversaciones con Rafael Echeverría". Santiago, Comunicaciones Noreste Ltda.

Whitmore, John (2005). "Coaching: el método para mejorar el rendimiento de las personas". Buenos Aires, Paidós.

Wilensky, Paty. "Manual de Pensamiento Reversible".

Wilensky, Paty. "Manual de Coaching con Fábulas de convivencia".

Wolk, Leonardo (2003). "Coaching, el arte de soplar brasas". Buenos Aires, Gran Aldea Editores.

Yuste, Francisco (2014). "Herramientas de coaching ejecutivo". Bilbao. Editorial Desclee de Brouwer.

Sitios web
Echeverria. Rafael.
https://www.youtube.com/watch?v=8MlrqQ-eho0

Escuela Europea de Coaching
https://www.escuelacoaching.com/

http://www.liderarte.com.mx

www.newfield.cl

www.newfieldconsulting.com

Posts del blog de Carlos Díaz Lastreto

lastreto.blogspot.com/2013/10/coaching-ontologico-organizacional_18.html

lastreto.blogspot.com/2014/08/los-cuatro-significados-de-escuchar.html

lastreto.blogspot.com/2015/03/coaching-definiciones-escuelas.html

lastreto.blogspot.com/2015/04/coaching-ejecutivo.html

lastreto.blogspot.com/2015/08/friedemann-schulz-von-thun-el-arte-de.html

lastreto.blogspot.com/2015/10/elena-espinal-diseno-de-futuro.html

lastreto.blogspot.com/2015/10/elena-espinal-diseno-de-futuro.html

lastreto.blogspot.com/2016/02/nada-mas-serio-que-jugar-para-aprender.html

lastreto.blogspot.com/2016/11/the-art-of-hosting-emergencia-de-la.html

lastreto.blogspot.com/2017/08/expectativas-y-promesas.html

lastreto.blogspot.com/2018/02/ivonne-hidalgo-gestion-ontologica.html

lastreto.blogspot.com/2018/11/coaching-de-equipos.html

www.ingramcontent.com/pod-product-compliance
Lightning Source LLC
Chambersburg PA
CBHW072044280526
45788CB00006B/2175